100 bênçãos para dias imperfeitos

KATE BOWLER
& JESSICA RICHIE

TRADUÇÃO: MAÍRA MEYER BREGALDA

100 bênçãos para dias imperfeitos

COPYRIGHT © FARO EDITORIAL, 2023
THE LIVES WE ACTUALLY HAVE COPYRIGHT © 2023 BY KATE BOWLER AND JESSICA RICHIE
ALL RIGHTS RESERVED. PUBLISHED IN THE UNITED STATES BY CONVERGENT BOOKS, AN
IMPRINT OF RANDOM HOUSE, A DIVISION OF PENGUIN RANDOM HOUSE LLC, NEW YORK.

Todos os direitos reservados.
Nenhuma parte deste livro pode ser reproduzida sob quaisquer meios existentes sem autorização por escrito do editor.

Diretor editorial **PEDRO ALMEIDA**
Coordenação editorial **CARLA SACRATO**
Assistente editorial **LETÍCIA CANEVER**
Tradução **MAÍRA MEYER BREGALDA**
Preparação **THAÍS ENTRIEL**
Revisão **CRIS NEGRÃO**
Imagens de capa e miolo © **FREEPIK**
Fotos das autoras **GRETCHEN MATHISON**
Capa e diagramação **VANESSA S. MARINE**

Dados Internacionais de Catalogação na Publicação (CIP)
Jéssica de Oliveira Molinari CRB-8/9852

Bowler, Kate
  100 bênçãos para dias imperfeitos / Kate Bowler, Jessica Richie ; tradução de Maíra Meyer Bregalda. -- São Paulo : Faro Editorial, 2023.
  256 p. : il.

ISBN 978-65-5957-428-5
Título original: The lives we actually have: 100 blessings for imperfect days

1. Meditações 2. Vida espiritual 3. Gratidão – Citações, máximas, etc. I. Título II. Richie, Jessica III. Bregalda, Maíra Meyer
23-4849   CDD 242

Índices para catálogo sistemático:
1. Meditações – Vida espiritual

1ª edição brasileira: 2023
Direitos de edição em língua portuguesa, para o Brasil, adquiridos por FARO EDITORIAL
Avenida Andrômeda, 885 - Sala 310
Alphaville — Barueri — SP — Brasil
CEP: 06473-000
www.faroeditorial.com.br

Kate:
Mamãe, você me ensinou a abençoar o dia.
Sua fé de manhã cedinho é uma bênção,
embora ela faça você ir para a cama às 19h.

Jessica:
Às minhas irmãs (não tão) mais novas.
Qualquer manifestação de coragem minha, aprendi com vocês quatro.
Vocês estiveram comigo nos meus melhores dias,
nos piores e nos mais comuns.
Como sou sortuda por ter o DNA de vocês mesclado ao meu!

Sumário

INTRODUÇÃO 11

Bênçãos para os dias atuais 13
Como utilizar este livro 19

BÊNÇÃOS PARA UMA VIDA COMUM

01 para dias comuns. Senhor, aqui estou eu 22
02 para sentimentos plenos 24
03 para quando só é preciso colocar um pé na frente do outro 26
04 para quando você está com medo de seus filhos não extraírem a experiência escolar de que necessitam 28
05 para o que faz com que nós sejamos nós 30
06 para quando você está em busca de amor (e está complicado) 32
07 para sentir que seu trabalho é importante 34
08 para pequenos passos quando você se sente sobrecarregado 36
09 para expandir seu coração 38
10 para dias e noites tranquilos 40

BÊNÇÃOS PARA UMA VIDA EXAUSTIVA

11 para um dia exaustivo 44
12 para quando não se consegue dormir 46
13 para dizer a verdade — seja doce ou amarga 48
14 para quando você está sem energia 50
15 para quando o estresse fica insuportável 52
16 para quando você está cansado demais para chorar 54
17 para quando você se sente muito atribulado 56
18 para quando você não consegue ficar em paz 58
19 para quando você precisa de um pouco de esperança 60
20 para quando você está por um fio 62

BÊNÇÃOS PARA UMA VIDA ÓTIMA

21 para um ótimo dia 66
22 para um pequeno incentivo matinal 68
23 para quando você precisa de permissão para mudar 70
24 para voltar a acordar para a vida 72
25 para quando você precisa de um dia tranquilo 74
26 para envelhecer com graça 76

27 para momentos à mesa 78
28 para amigos que nos amparam 80
29 para aprender a se amar 82
30 para quando o dia foi ótimo 84

BÊNÇÃOS PARA UMA VIDA AFLITA

31 para um dia triste 88
32 para quando o inimaginável acontece 90
33 para coragem para tentar... e sabedoria para saber quando parar 92
34 para dores coletivas 94
35 para dias de pranto 96
36 para quando desastres acontecem 98
37 para quando você perdeu alguém cedo demais 100
38 para quando seus pais estão envelhecendo 102
39 para todas as primeiras vezes sem um ente querido 104
40 para a vida após uma perda 106

BÊNÇÃOS PARA UMA VIDA AVASSALADORA

41 para dias avassaladores 110
42 para quando você não consegue um momento de descanso sequer 112
43 para quando você precisa de um tempo para refletir 114
44 para cuidadores 116
45 para quando você está sofrendo sozinho 118
46 para o benefício da dúvida 120
47 para estradas longas 122
48 para bravura quando você não se sente muito corajoso 124
49 para quando você se sente esquecido por Deus 126
50 para quando há coisas demais com que lidar 128

BÊNÇÃOS PARA UMA VIDA DOLOROSA

51 para dias dolorosos (e quando nosso corpo parece um inimigo) 132
52 para alcançar graça para outras pessoas (e para nós mesmos) 134
53 para o caso de você ter tido uma infância dolorosa 136
54 para quando a igreja o magoou 138
55 para quando a esperança parece perdida 140
56 para quando a dor não faz sentido 142

57 para quando você está cansado de sistemas falidos 144
58 para quando sua família o desaponta 146
59 para quando seu filho está sofrendo 148

BÊNÇÃOS PARA UMA VIDA HORROROSA

60 para um dia horroroso 152
61 para quando se está com medo 154
62 para momentos de espera 156
63 para quando você não consegue se amar 158
64 para quando você estiver de mau humor 160
65 para quando você não sente a melhora 162
66 para quando você está farto, mas não obtém nenhuma resposta 164
67 para quando imaginou que desta vez seria diferente 166
68 para quando você se sente travado 168
69 para quando você se sente sozinho 170

BÊNÇÃOS PARA A VIDA ALHEIA

70 para outras pessoas 174
71 para quando há muita gente sofrendo (e você não sabe o que fazer) 176
72 para quem escolhe se sacrificar por nossa causa 178
73 para testemunhas 180
74 para os que cuidam de doentes 182
75 para quando é pedir demais amar um inimigo 184
76 para amar alguém quando as diferenças nos dividem 186
77 para os doadores que precisam receber 188
78 para seu coração grande, enorme, tolo 190

BÊNÇÃOS PARA UMA VIDA LINDA E FINITA

79 para este dia lindo e finito 194
80 para reaprender a sentir prazer 196
81 para quando você precisa segurar ou libertar 198
82 para um dia interminável 200
83 para inícios e fins 202
84 para ter coragem de fazer algo difícil 204
85 para quando você quer mais 206
86 para a vida que você não escolheu 208

87 para aquele que você pode se tornar 210
88 para o bem que já veio (e se foi) 212

BÊNÇÃOS PARA UMA VIDA SAGRADA

Abençoada seja esta quaresma 216

    O que é quaresma 216

    Observação sobre os domingos 217

89 Para a Quarta-Feira de Cinzas 220
90 Para o Domingo de Ramos 222
91 Para a Quinta-Feira Santa 224
92 Para a Sexta-Feira da Paixão 226
93 Para o Sábado de Aleluia 228
94 Para o Domingo de Páscoa 230

Bendito seja este Advento 232

    O que é Advento? 232

95 para o primeiro domingo de Advento — esperança 234
96 para o segundo domingo de Advento — amor 236
97 para o terceiro domingo de Advento — alegria 238
98 para o quarto domingo de Advento — paz 240
99 para a Véspera de Natal 242
100 para o dia de Natal 244

AGRADECIMENTOS 247

SOBRE AS AUTORAS 251

Introdução

Bênçãos para os dias atuais

Quando temos muita sorte, os dias são iluminados com fogos de artifício. Temos momentos poderosos de conexão — com o mundo, uns com os outros, e mesmo com Deus — que nos fascinam. De repente, há beleza e possibilidades por todos os lados. Pensamos que estávamos vivendo um dia qualquer, só que não. Nós nos descobrimos maravilhados por verdades que não nos propusemos a aprender.

Alguns dias nos conduzem direto para as coisas divinas. É manhã de março, e da janela vejo que o corniso deu tantas flores brancas que parece ter entrado em um vestido de noiva da noite para o dia. E me lembro de que essa criação está conspirando para me encher de fascínio. (E interromper minha produtividade. Se eu ficar o dia todo no meu escritório climatizado, posso evitar a gratidão pelas criações de Deus e finalmente esvaziar minha caixa de entrada, *louvado seja*.)

Ou, talvez, eu me depare com uma noite que me envolva em paz familiar. A televisão está ligada, e meu pai e eu nos aninhamos no sofá, minha cabeça descansando em sua barriga quente e sentindo o subir e descer de sua respiração. Inspirando, expirando. Sentimos qualquer hiato entre nós evaporar no mesmo ar que respiramos.

Em geral, não há como prever se nossos dias e nossas noites nos oferecerão isso ou aquilo. Exceto que, vez ou outra, descobrimos que uma noite qualquer (provavelmente tediosa) se transforma em um instante. Já é tarde, e estou em um ônibus de traslado cheio de colegas educados. Não há muita conversa, até alguém ouvir os primeiros acordes de uma canção conhecida tocando no rádio e, então, eis que bradamos o refrão com uma confiança imerecida.

Para mim, não há nada mais poderoso do que o momento latente de cada dia em que sinto a ponte do arco-íris conectando o coração do meu filhinho com o meu. Ontem, quando o espiei no banheiro, esperava encontrá-lo tomando banho, mas descobri que ele havia achado algo melhor para fazer. Estava ensopado, usando enormes óculos de mergulho e envolto em uma toalha, curvado sobre o exaustor: ele estava brincando de paraquedista planando em direção à terra. Sem nenhuma explicação. Ele simplesmente olhou para mim, o ar quente soprando seu cabelo, e abriu um sorrisinho.

Há dias que são pura luz. Nós nos sentimos iluminados pela chocante alegria da conexão e do amor. São momentos do dia a dia em que podemos nos entreolhar e dizer:

O que você é, eu também sou.

Onde quer que você esteja, não pode me afastar.

Somos os seres selvagens que o autor de livros infantis, Maurice Sendak, tão bem compreendia. Só de pensar em nos separarmos, rangemos os dentes medonhos e rugimos: *Vou te devorar — te amo tanto!*

Sentimos esse amor feroz porque sabemos. Sabemos como esses momentos podem ser fugazes. Alguns dias são, sim, cheios de fogos de artifício, mas a maioria não é. Vivemos tempos difíceis, e podemos verificar essa afirmação em nossas agendas. Há uma consulta marcada para um adolescente com transtorno de ansiedade ou um horário para visita à casa de repouso. A caixa de correio está cheia de papelada do divórcio, contas médicas, dívidas de mensalidades escolares ou de cartões de crédito. Seria vergonhoso se alguém soubesse quanto tempo ficamos presos discutindo com o(a) parceiro(a), familiares ou o(a) amigo(a) que está nos magoando.

Gostaríamos de escalar montanhas metafóricas, mas quem lavaria a louça? Nossos problemas parecem insolúveis à medida que continuam aparecendo. Às vezes, a solidão, a depressão ou complicações de saúde tornam a vida tão pequena por tanto tempo que fazer quaisquer planos parece ridículo. Talvez optar por estudo ou relacionamentos, aposentadoria ou dramas familiares continue fazendo nossa cabeça girar. A mente se agita e o coração chacoalha ao imaginarmos qual crise enfrentaremos em seguida.

Ou talvez possamos sentir o tédio das obrigações que tornam cada dia uma rotina restrita. Segunda-feira tem isso. Terça-feira tem aquilo. Há poucas ocasiões para surpresas ou alegrias, porque flexibilidade é coisa do passado. Outras pessoas estão saindo de férias ou fazendo longos jantares com amigos, e quase podemos sentir a amargura ao ouvirmos falar disso. Eu me lembro com nitidez de um momento em que o fardo de minha rotina diária, semanal e mensal com o câncer era tão imenso que, por uns instantes, perdi a cabeça ao ver duas mulheres em frente a um restaurante em um dia quente de primavera comendo saladas elaboradas. E gritei: "QUEM É QUE TEM TEMPO PARA SALADAS?". Não lembro se essas mulheres me ouviram, coitadas, mas pude escutar, em minha própria voz, que essa pergunta foi um choque existencial. Na real, quem tem tempo para saladas quando o tempo é linear e árduo?

Ao contrário da maioria dos conselhos da indústria da autoajuda e do bem-estar, nossos dias não são um reflexo de nossas escolhas e ponto-final. Não somos uma folha de registro de nossas decisões para o *sim* ou para o *não*. Gostamos de imaginar que somos feitos de cada pequena escolha que fazemos. De fato, a cultura em que vivemos dificulta dizer outras coisas. Celebramos fortemente histórias de pessoas realizadas cujos atos determinados parecem trazê-las próximo à grandiosidade. E quem não ficaria inspirado pela coragem ao ver alguém dando duro, agindo e mudando?

Porém, se ficarmos imersos em uma estrutura cultural que só prioriza o agir, isso dificultará aceitar algo que, no fundo, sabemos que é real: que a maior parte do que define nossa vida acontece *conosco*.

Os aspectos mais básicos de nossa vida podem ter sido diferentes. Para imaginá-los, podemos parar um pouco e pensar nos principais pontos de virada em nossa própria biografia. A estabilidade da família em que nascemos. A segurança (ou o perigo) do bairro onde crescemos. Nossa saúde (ou doença) física e as oportunidades que surgiram ou não. O parceiro ou parceira que nos abandonou, ou que ficou conosco, ou que nunca sequer apareceu. O amor (ou a negligência) de nossos pais e filhos. As comunidades e templos religiosos que nos formaram ou malformaram. Os bebês que tivemos, os que desejamos e os que morreram cedo demais. Nossa vida está menos para um prédio sólido sobre uma base perfeita e mais para uma torre muito alta e oscilante, como num jogo *Jenga*.

Precisamos de uma linguagem de agradecimento para a vida que *levamos*, não simplesmente para a vida que desejamos. Precisamos de uma contagem espiritual de tempo rica o bastante para nomear a extensão de nossa experiência. Boa. Ruim. Difícil. Sublime. Comum.

Comecei a recorrer à linguagem da bênção quando percebi que precisava de categorias mais amplas para descrever minhas próprias experiências surreais. Aos trinta e cinco anos, fui diagnosticada com câncer de cólon estágio IV. Nos primeiros anos, a vida foi uma crise, uma série de dificuldades, muitas vezes decisões de vida ou morte que mantinham a mim e a todos que me amavam em um estado de fragilidade perene. Por mais que eu relute em dizer que "aprendi lições" — odeio como pessoas que passam por situações de sofrimento são forçadas a falar isso —, realmente aprendi muito sobre minha fé. Passei a entender mais sobre a beleza de um Deus que nos acompanha até o limite. Minhas orações passaram de confissões de fé relativamente elaboradas (afinal, sou professora em uma instituição de teologia) para esperanças nuas e cruas: *Deus, me salve, me salve, me salve. E, Deus, se não me salvar, me ame.*

Mas, então, o que era para ser um momento de crise se transformou em dias e semanas, e eu não estava simplesmente sendo arremessada pelos ares. Eu precisava aprender a linguagem do Deus que às vezes aparece em um determinado dia, parece ausente no restante da semana, mas que tem algo a me ensinar justo quando estou *bem* ocupada resolvendo alguns assuntos, obrigada. Precisava de Deus como parte de meus melhores e piores momentos, mas cujo amor eu também fosse capaz de reconhecer em outros instantes.

Há uma linguagem bonita e instrutiva que podemos usar para nomear a estranha mistura de experiências terríveis e divinas em nossa vida. E me atrasei comicamente em usá-la, sobretudo porque eu achei que já a conhecia. É a linguagem das bênçãos. (obs.: Quando eu tinha vinte e poucos anos, escrevi uma história inteira sobre a ideia de que Deus quer nos dar saúde, riqueza e felicidade, e intitulei-a *Bendito*. Então, pronto. Talvez uma nova compreensão sobre bênçãos estivesse vindo até mim há muito tempo.)

A sociedade normalmente não é adepta a uma cultura de bênçãos; é uma cultura de *#Benditos*. (Se quiser uma breve orientação sobre a disseminação desse fenômeno, busque #Benditos nas mídias sociais e volte imediatamente quando seus olhos pararem de arregalar. É... muita... informação.) Conseguiu aquele corpo de verão? #Bendito. Viagem marcada? #Bendito. Sua família não tem nenhum tipo de conflito, e cada um dos seus filhos ganhou uma bolsa de estudos? Meus parabéns. Você é #Bendito e, por isso, ganhou as mídias sociais.

De placas de carro e camisetas a toda a linha de utensílios domésticos à disposição na loja de departamentos mais próxima, #Bendito se tornou um dos clichês culturais mais comuns. Nossa sociedade assumiu uma verdade muito preciosa sobre gratidão — a de que vez ou outra nos sentimos tão inacreditavelmente sortudos que queremos gritar aos quatro ventos que *Deus é bom* — e nos tornou a prova disso. Parecemos dizer: *E nós, também não somos bons o bastante? Será que não nos colocamos no lugar certo na hora certa, fazendo as coisas certas, para sermos tão sortudos?*

Mas uma bênção é mais que um fluxo de gratidão pelas grandes dádivas da vida. Ou uma linguagem espiritual do triunfo. De acordo com Stephen Chapman, estudioso do Antigo Testamento, a linguagem da bênção é muito mais ampla e mais profunda.[*] E é forjada ao longo das escrituras e da tradição cristã de uma forma muito mais rica do que a que eu entendia anteriormente.

O que é uma bênção? Chapman começa explicando que, em sua forma mais básica, uma bênção é um tipo específico do ato de fala espiritual. (O termo para bênção aparece tanto em grego quanto em latim e significa "falar bem".) E, na maioria das vezes, bênçãos são agradáveis de ouvir. Elas são uma forma de poesia que invoca Deus e aviva o coração dos ouvintes.

Bênçãos são úteis para momentos de todos os tipos. Podemos abençoar uns aos outros como um cumprimento alegre (Gênesis 47:7). Podemos abençoar a comida, a água e a subsistência de nossas necessidades mais básicas (Êxodo 23:25). Mas bênçãos não são meras expressões de agradecimento ou afirmações dos feitos de Deus. Não temos simplesmente que nos afirmar Benditos pelo que já recebemos. Ou apenas repetir que Deus é bom. Louvar

---

[*] Stephen B. Chapman, "Psalm 115 and the Logic of Blessing," *Horizons in Biblical Theology* 44 (2022): 47–63.

faz bem para a alma, mas louvor não é sinônimo de bênção. E orar faz bem para a alma, mas oração também não é sinônimo de bênção.

O ato de abençoar é o trabalho estranho e vital de observar o que é verdadeiro em nós e em Deus. E, às vezes, verdades são pavorosas. Tipo, *Benditos os que choram*. Quer dizer, em termos de escrituras é verdade. Foi Jesus quem disse. Mas será que algo nisso parece verdade quando nosso mundo está desmoronando? Não. Ou, então, *Benditos os pobres*. Mais uma vez, não parece nem um pouco verdade. Porém, no ato de abençoar o mundo como ele é e como deveria ser, começamos a reconstruir o que sabemos. Talvez, Deus, o senhor esteja aí no meio da tristeza. Talvez, Deus, o senhor possa cuidar desse problema específico ou dar as caras enquanto passo manteiga na torrada.

Por esse motivo, o Dr. Chapman chama o ato de abençoar de "deslocamento" espiritual, por assim dizer. Isso vai para cá. Aquilo vai para lá. Estamos começando a encaixar este momento na ordem maior das coisas, a história divina da obra e dos propósitos de Deus. Acho a linguagem do deslocamento e realocamento incrivelmente satisfatória. Bênçãos põem nossa casa espiritual em ordem, mesmo quando nossas circunstâncias estão totalmente fora de ordem.

Quando abençoo os dias reais que vivo, de repente descubro muito mais coisas honestas para dizer. Estou triste. Estou entediada. Estou exausta. Estou apática. Descubro que sou livre da necessidade de afirmar que tudo é #Bendito. Bom ou ruim, não tenho que esperar para dizer alguma coisa espiritualmente verdadeira. Em vez disso, posso abençoar tudo.

Como utilizar este livro

Este parece o momento certo para confessar que acho muito difícil criar hábitos espirituais. Raramente faço a mesma coisa mais que dois dias seguidos. Então, por favor, sinta-se livre para usar este livro como uma obra de consulta sem sentir nenhuma culpa por não ter lido todas as entradas, uma a uma. Na verdade, Jessica e eu imaginamos que você, nosso(a) leitor(a) favorito(a), olharia o sumário e escolheria aquela de que precisa no dia.

Organizamos as bênçãos de acordo com o tipo de experiência de vida que você possa estar atravessando: comum, exaustiva, agradável, atingida pela tristeza, cansativa, dolorosa, ruim, necessitada de coisas para os outros e, por fim, bela, mas limitada. Esperamos que em algum lugar na mistura de bom e ruim, alegria e tristeza, você possa encontrar seu lugar na presença de Deus.

Também quisemos fazer um planejamento para pessoas que possam utilizar este livro durante o Advento, a Quaresma ou ambos. Você pode encontrar orientações no início de "Bênçãos para Uma Vida *Sagrada*".

Quer você seja um pastor que abençoa sua congregação ou um capelão que ora em leitos de hospitais, quer este livro fique guardado no porta-luvas do veículo para emprestar para alguém a quem esteja dando uma carona ou na mesa do café para momentos tranquilos, queremos que ele seja um bom companheiro. Ao longo de anos servindo nossa comunidade digital e ouvintes de nosso podcast, *Everything Happens*, tivemos o privilégio de aprender muito com as pessoas sobre o que precisamos de Deus e dos outros. Em primeiríssimo lugar, precisamos de honestidade. Precisamos de um lugar com que contar na dor insolúvel de sermos humanos e estarmos num mundo que prefere soluções engenhosas. Em segundo lugar, precisamos de coragem. Precisamos lembrar que nos prometeram a presença real de Deus e o amor palpável da comunidade espiritual. E, por fim, precisamos de esperança. Precisamos recorrer à história em que Deus salva o mundo, principalmente porque nossos próprios esforços nesse ínterim falharão. No entanto, com honestidade, coragem e esperança, teremos muito mais amor para sustentar nossa vida real.

Portanto, que as palavras a seguir sejam um pequeno refúgio para você, caro(a) leitor(a). Que hoje você encontre estas bênçãos, conferindo esperança, coragem ou descanso suficiente para o momento. E que elas lhe ofereçam palavras se você não conseguir encontrar as suas, e um pouco de incentivo conforme você faz o de sempre: abençoar outras pessoas.

Bênçãos para uma vida comum

01. para dias comuns. Senhor, aqui estou eu

Como é estranho
alguns dias serem como furacões
outros, como mares cristalinos,
outros, ainda, como nada especial.

O hoje é um estreitamento cósmico.

Minha agenda diz,
de forma bem conveniente,
que não vou precisar de ti,
clamar por ti, procurar por ti.

De modo geral, sequer devo pensar em ti.

Exceto que, se não te importas,
permita que eu te note.

Mostra a face nas pequenas necessidades,
e nas graças diárias.

Senhor, sê pão.
Sê água.
Sê a roupa para lavar.

Sê a xícara de café nas minhas mãos
e o motivo para manter a calma no trânsito.

Sê o tom mais gentil em minha insistência hoje
para que as pessoas limpem a bagunça que fizeram.

Sê o motivo por eu me sentir amado
quando eu olhar meu próprio reflexo
ou sentir autoaversão
vibrando no meu estômago.

Acalma minha mente,
eleva meu espírito,
faze desse dia tolo, comum,
minha prece de gratidão.

> "A Terra é tão repleta de possibilidades divinas que é de se admirar o fato de conseguirmos andar para todos os cantos sem bater as canelas em altares."
> — Barbara Brown Taylor, *An Altar in the World*

Bênçãos para uma vida comum

02.
para sentimentos *plenos*

Benditos sejam os que sentem as coisas *por inteiro*.
Os que talvez se sintam incomodados por conta
da sobrecarga das coisas.

Benditos os que precisam de lembretes de que essas
emoções não são boas ou ruins.
Elas são apenas… informações.
    Você sente raiva porque isso é injusto.
    Você sente tristeza porque isso é terrível.
    Você sente cansaço porque isso é exaustivo.

Suas emoções não são erradas ou ruins
nem estão mentindo ou dizendo toda a verdade.
Elas lhe dão um pouco de dados
que você não deve ignorar.
Amamos, perdemos, caímos, nos levantamos,
falhamos e tentamos de novo.

Sua condição humana não é uma afronta.
Estamos lembrando a nós mesmos que
é assim que somos, é disso que somos feitos:
sentir dor, tristeza, estresse,
perigo, medo, desilusão amorosa.

Então, bela criatura,
aqui está sua autorização para sentir tudo isso.
Para sentir alegria, prazer e empolgação.
E o pranto, o medo e o desespero.

Todos os tons de amarelo e rosa, violeta e cinza.

Porque você é o céu inteiro.

03.
para quando só é preciso colocar um pé na frente do outro

Oh, Deus,
pensar em tentar ser uma versão nova e
    aprimorada de mim
me deixa cansado.
Mal dou conta de ir a algum lugar,
então, aproxima-me de uma visão diferente,
que veja que não preciso de perfeição —

Preciso é de amor.

Liberta-me desta expectativa
de que a vida sempre deve ser melhor.
Dos estresses do dia a dia —
das contas, das pressões, dos dependentes,
dos medos existenciais do futuro
e das preocupações do agora.

Estou um trapo.

Benditos sejamos, lembrando
que o mundo não é nosso para carregarmos sozinhos.
Ajuda-nos a colocar um pé na frente do outro
o melhor que pudermos.

Oh, Deus, dá-nos hoje
o suficiente para continuar,
esperança para enxergar um futuro,
dá-nos alegria para ver um presente
iluminado pelo teu amor.

P.S.: E me dá apenas humildade suficiente
para ser lembrada de que fico horrível de chapéu.
Quero dizer, horrível de verdade, impossível de fotografar.

04.

para quando você está com medo de seus filhos não extraírem a experiência escolar de que necessitam

Deus, tu sabes a frequência
com que este medo me sobe
como bile na garganta.
Olho para meu filho
 — esse milagre, essa surpresa —
e percebo que não tenho a menor
   ideia do que fazer.

Esse meu filho tem necessidades
que não sou capaz de suprir.
Estou falhando, Deus?
Eu não poderia ser mais, de alguma forma?
Essa impotência traz sensação de
   derrota.

Espera. Esqueci de novo.
Nunca me pediste para ser ilimitado.

Deus, protege esta família.
Dá-nos um ano seguro, marcante
e bonito.

Presenciamos nossos filhos sofrendo
   por tempo demais
por estranharem o fato de crescer
assim, agora,
com preocupações que sequer sabem
   articular
sobre coisas que sequer se dão conta
   de que estão lá.

"E ele tomou as crianças nos braços,
impôs-lhes as mãos e as abençoou."
— Marcos 10:16, NVI

Deus, uma ideia:
que possas tomar nossos filhos,
abraçá-los e abençoá-los.
Dá-lhes uma experiência escolar
que funcione,
que alimente a mente fértil deles,
e sustente seus (risíveis, maravilhosos)
    espíritos.

E Benditos sejamos nós, seus pais,
que recorremos a ti
(pois também somos crianças)
e também pedimos tuas bênçãos.

Nesse ínterim,
ajuda-nos a continuar aprendendo
e a apoiá-los com criatividade,
bem como as escolas e os professores,
para que nossos filhos possam
crescer com beleza,
cheios de graça e coragem.

P.S.: E se seu filho
(pequeno ou crescido) não se importar,
tome-o nos braços.
Neste momento, amor é o bastante.
Para você e para ele.

05.
para o que faz com que nós sejamos *nós*

"Mude para melhor e acredite que a boa notícia de que somos amados é melhor do que sequer ousamos esperar, e que acreditar nessa boa notícia, viver por ela e para ela, apaixonar-se por ela, é, entre todas as coisas felizes neste mundo, a mais feliz de todas elas."

— Frederick Buechner, *The Clown in the Belfry: Writings on Faith and Fiction*

Bendito é você, diferentão.
Você, com passatempos bem intensos.
Ou coleções de filmes, canecas ou tênis.
Você, com o time da casa ou de visitantes que o enche de orgulho.

Nem todo mundo vai entender,
mas essas são as coisas que lhe dão prazer,
que lhe permitem contornar os problemas
que o tornam quem você é.

Benditos são os que encontraram sua matilha.
Os que compreendem. Ou que *buscam entender*.
   Os que se dispõem a se aventurar, a caçar ou a buscar.

Benditos sejam os detalhes da sua vida. As coisas específicas que o tornam quem você *é*.
   As coisas que você observa e os lugares que deseja visitar.
   A pesquisa no site de compras que você acessa o tempo todo.
   A convenção que está na sua agenda há meses.
     Não importa quanto ela seja bizarra, aleatória ou obscura.

Você, meu caro, em todas as suas complexidades… *é um prodígio*.

06.
para quando você está em busca de amor (e está complicado)

Este coração. Nem sempre o conheço bem,
mas ele bate e se magoa.
Devem ser os terríveis sinais
de como sou feita:
no amor e para o amor.

Abençoada sou eu, a amada,
que me concedo permissão
para verificar, do zero, o que e a quem eu amo,
e como é trazer ao mundo
a dádiva singular, necessária e insubstituível
que sou eu.

Sem reservas.
Embaraçosamente.
Nos estranhos confins
deste dia imperfeito,
que tomemos a decisão de que esse pulsar cadenciado,
em sua beleza e seus rompantes,
finalmente será a prova de que,
ao dar amor,
nós o recebemos.

07.
para sentir que seu trabalho é importante

Benditos somos nós, que lembramos que não somos
nossos empregos, pagamentos ou planos de aposentadoria,
mas que estamos sendo chamados, *gostemos ou não*,
para algo maior do que nós.

Deus, qual é teu chamado para minha vida?
Estou ouvindo.

Bendito é você, que se pergunta
se algum dia encontrará sua vocação.
Você que deseja ser parte da solução
das dores do mundo.
Que Deus o coloque na direção certa,
onde seus dons encontrem grande necessidade.

Bendito seja você, que se afastou
de um emprego por aposentadoria,
por um diagnóstico ou uma mudança de vida.
A vida está diferente, mas seu propósito continua.

Bendito seja você ao se perguntar
se seu chamado custará muito —
você que faz o bem, o trabalho duro em
    servir os outros.
Talvez não notem seus esforços.
Mas hoje, que você sinta o vento fresco
    em suas velas,
porque isto é mais que um emprego:
é um chamado.

Em nossa caixa de entrada, abençoa-nos.
Em nossas teleconferências,
    abençoa-nos.
Nas limpezas e construções,
na entrada e na saída,
concede-nos significado.

Dá-nos pessoas a quem servir,
clientes para amar,
bom trabalho para fazer.

E derrama dentro de nós mais do que
    deixamos derramar.
Afinal, somos apenas humanos.

> "Somos chamados para sermos um ponto específico de glória. Cem por cento vivos. Habitando por inteiro no chamado de Deus. Assim, a pessoa como um todo é um espaço para Deus ecoar."
>
> — Kirsten Pinto-Gfroerer, *Anchorhold*

08.

para pequenos passos quando você se sente sobrecarregado

A vida se desfez. Todos os meus planos foram destruídos. Minhas esperanças, impraticáveis.
E parece assustador imaginar o que vem a seguir.

As contas que precisam ser pagas.
As mensagens que precisam ser respondidas.
A solidão que se insinua todas as noites.

Bendito seja você, que precisa lembrar que, sim,
muitas coisas não têm conserto, ou sequer podem ser resolvidas agora,
mas há algo que você pode tentar.
Dar o pequeno passo que talvez torne o dia de hoje um pouquinho mais leve.
    Talvez não mais fácil ou necessariamente melhor — porém, mais leve.

Demonstrar uma dose extra de generosidade a um estranho ou pular da cama
um pouco mais cedo.
Pedir a um amigo que lhe busque um café ou ouvir os pássaros
em vez de ficar rolando a página do Twitter.
Definir a lista de tarefas ou pegar um pincel
sem motivo algum, exceto alegria.

Que possamos ser pessoas que se ancoram no agora.
Sem permitir que nossa mente divague pelos "e se"
ou "o que vai acontecer e quando".

Bendito seja você que tenta deixar de lado a mentalidade do "tudo é possível".
Que sabe que esforços enormes não juntarão de volta as peças.
Que se livrou das garras da perfeição,
e descobriu, em vez disso, alívio no "bom o bastante".

Um pequeno passo,
uma respiração profunda,
de cada vez.

"O amanhã trará as próprias preocupações.
A cada dia basta o próprio fardo."
— Matheus 6, 34, NVI

09.
para expandir seu coração

Deus, tantas coisas acontecem na minha vida.
Horríveis. Ótimas. Plenas. Chocantemente
 incompletas.

Vais me ajudar a aprender a viver com maior
capacidade para isso?
Viver na tensão entre uma vida que
deu certo...
e outra que vai de mal a pior.

Que hoje seja um exercício divino de *sim... e.*

Sim, tenho muito a que agradecer,
e não aconteceu como achei que aconteceria.
Sim, tenho momentos de alegria,
e perdi mais coisas sem as quais poderia viver.
Sim, quero extrair o melhor de hoje,
e meu corpo continua falhando.
Sim, tenho esperanças, *e* isso é assustador.
Sim, estou tentando ser corajoso, *e* sinto muito medo.

Então, Bendito sou eu
que tento viver entre estes dois mundos:
sim... e.

Que eu possa entender que é aí que está
o verdadeiro trabalho da vida.
Onde é preciso coragem para viver.
Onde a dor pode me reduzir a nada
e o amor pode me refazer mais uma vez.
Onde meu coração pode se partir
e continuar batendo.
Nunca se lamentando por ter se partido.

Sim… e.

Faze-me capaz de imensa alegria,
imenso amor,
imenso risco,
até de medo,
enquanto expandes meu coração
com este *sim… e* hoje.

10.
para dias e noites tranquilos

Ah, paz, você é a montanha
que avistamos de longe,
o ápice e a profundidade de nossas necessidades.

Caminhamos até você à luz das estrelas,
através de caminhos repletos
de erros que nós mesmos semeamos,
e deixamos crescer sem controle.

O caminho a percorrer é longo, porém bom,
fazendo as coisas certas sempre que possível.

Ilumina o caminho, Deus.
Leva-nos a esse local de descanso.
Descanso do mundo externo
e do interno.
Descanso de nossos medos que nos arrepiam
e dos pensamentos obsessivos:

E se isto nunca mudar?
E se isto durar para sempre?
E se eu tentar e falhar?
E se eu nunca souber?

Traze-nos paz, Deus,
suficiente para este momento.
Suficiente para aquietar as perguntas sem respostas.
E, enquanto fizeres isso,
encaixa-nos para amanhã também.

Bênçãos para uma vida exaustiva

11.
para um dia exaustivo

Deus, às vezes me preocupa
que esse cansaço, essa exaustão profunda,
sejam sinais de meu fracasso.

Eu não poderia *fazer* mais?
Eu não poderia *ser* mais?

Minha biblioteca está cheia de livros
lembrando-me de maximizar minhas manhãs,
esvaziar minha caixa de entrada de e-mails e
    otimizar minhas rotinas.

Mas então tu insinuas um lembrete —
minha constituição é delicada.

Fico cansado após períodos curtos de esforço,
e meu corpo entra em curto-circuito.
Imagino mundos a conquistar,
pessoas de quem cuidar,
gavetas com tranqueiras para esvaziar,
mas fico exausto
muito antes de tudo terminar.

Deus, apaga meu sentimento de humilhação
sobre ser teimosamente limitado.
Lembra-me mais uma vez
de como todas essas limitações
ainda podem ser chamadas de *bênçãos*.

Benditos sejam meus olhos turvos
e longos cochilos.
Benditas sejam minhas divagações
e listas de tarefas inacabadas.

Que minha mortalidade seja tão amada
quanto meus esforços.
Porque, em todas as coisas,
eu desejo ser teu.

12.
para quando não se consegue dormir

Ah, Deus, aqui estou eu de novo.
Acordado.
Cansado e inquieto demais para que o sono venha.
Como darei conta de amanhã?
Ah, Deus, traze paz a minha mente e meu corpo,
e me envolve no peso do torpor.

Benditos somos nós, ainda acordados na ruidosa escuridão da noite, que dizemos:
Ó, Deus, ajuda-nos. Sabes o estado em que me encontro.
Minha mente é um trem em fuga,
e meu corpo, seu prisioneiro.
Sabes de tudo que me atormenta.

Toma conta de mim.
Estabiliza meu coração acelerado.
Sopra um alívio revigorado por todo o meu ser.
Envolve-me no conhecimento seguro do teu amor.
Lembra-me de que as preocupações do amanhã podem esperar
porque esta noite já é o bastante.

Benditos somos nós que esperamos em silêncio,
que nos lembramos de que a escuridão não é
   obscura para ti,
que rezam, ó, Deus:
recebe-me,
acolhe-me,
fortalece-me,
dá-me apoio,
e me deixa livre para te contar tudo.

Benditos somos nós que escutamos em silêncio,
para inspirares vida em tudo o que se passou e
   se foi,
enchendo mente, alma e corpo de esperança
e a beleza da tua paz que ultrapassa
todo entendimento,
suave como a aurora.

Acolhe um pensamento agradável.
Segue-o... até ele se transformar em gratidão
   genuína.

Descansa aí.

"Agora guia minha caminhada e guarda meu sono, para que, ao acordar, eu possa ver com Teus olhos, e, ao dormir, eu possa descansar em paz."
— A Oração da Noite, *The Book of Common Prayer*

"Retorna ao teu descanso, ó minha alma, porque o Senhor tem sido bom para ti."
— Salmo 116:7, NVI

Bênçãos para uma vida exaustiva | 47

13.
para dizer a verdade — seja doce ou amarga

†

Bendito seja você, que resiste ao impulso
de reformular.
Que está farto e exausto de otimismos.

Bendito seja você que arrisca ser sincero,
especialmente quando o mundo ao seu redor
almeja pelo lado bom.
Você que fala com honestidade
sobre o que está bem à sua frente:
Isto é difícil.
Talvez as coisas não melhorem.
A coisa está realmente feia.
Talvez não haja um caminho diferente.

Bendito seja você na gratidão e na dor,
nos prazeres e nas limitações.

Bendito seja você que diz a verdade.
E qual não é o milagre quando
sua candura encontra um coro que faz eco:
"Eu também."
O amigo que ouvirá.
O pai que suportará.
O parceiro que não desmerecerá.

Eles ouvem você, e a sensação é de revelação.
O. Tempo. Todo.

Que você possa sentir suas verdades respondidas
por esta linguagem do amor,
    mudando quando possível e
    se conformando quando impossível.

Mas sempre, sempre, sempre amado.

14.
para quando você está sem energia

Às vezes me sinto frágil como um papel
afinando a cada toque.

Responsabilidades, tarefas e afazeres
estão me esgotando.
Não há energia, tempo,
finanças ou imaginação suficientes.

Mal me reconheço.

Não consigo continuar, mas não posso descansar.
Deus, podes me ajudar a desacelerar?

Só preciso de um pequeno abrigo e um enorme
    fôlego.

Dá-me espaço para me aninhar por um tempo.
Abraça-me até eu sentir os ombros relaxados,
e me libertar do que não pode acontecer neste
    instante.

Permita que eu só pense em coisas suaves e belas,
no que é abundante e sem ônus
neste dia tão pesado.

Permita que eu fique maravilhado pela natureza e contemple encantado.
O céu. O veludo das pétalas
e a precisão das folhagens.
A coruja engraçada, com seu olhar amarelado sagaz
e penas feitas de tweed.

Deus, coloca-me na vida como ela é.
Impede-me de me apressar,
para que eu possa estar aqui,
neste espaço,
neste momento.
E respirar.

Amém.

15.
para quando o estresse fica insuportável

Ó, Deus, a preocupação fez morada
como uma hóspede ingrata.
Ela cria casos e mexericos, e nunca se cala.

Deus, traze sossego à minha mente
e paz ao meu corpo.

Deus, tem misericórdia.
Cristo, tem misericórdia.
Espírito, tem misericórdia.

Ó, Deus, tu sabes do que o hoje é feito,
 tu vês minha capacidade limitada —
 as fronteiras de meu alcance.

Usa o fato de eu ser um grande desmemoriado
para me ajudar a organizar tudo isso.

Benditos somos nós, que vivemos de sopro em sopro,
quando o nada que podemos fazer
se desdobra em quietude
e se acalma como um lago tranquilo.

Benditos somos nós quando qualquer ínfimo movimento
se transforma em esperança
e qualquer gesto
se parece muito com amor.

Reserve um momento.
Considere o todo e nada mais.

Amém.

"Em verdes pastagens me faz repousar e me conduz a águas tranquilas. Restaura-me o vigor."
— Salmo 23, 2-3, BSO

16.
para quando você está cansado demais para chorar

Ó, Deus, estou sobrecarregado,
    e, de certo modo, cansado demais para chorar.

Ó, Deus, preciso te ouvir dizer meu nome.

Ó, meu Criador,
fala-me de volta à existência.
Mostra-me os laços do amor
    que me formaram no ventre,
    que me mantêm firme agora.

Que sejam como ferro
penetrando minha alma.

Benditos somos nós, que vemos
que esta escuridão atual
não é tudo o que há.

Benditos somos nós, que dizemos:
    Sou conhecido.
    Sou amado.
    Posso amar de novo.
Até mesmo... e sobretudo... nisto.

Deus, tem misericórdia.
Cristo, tem misericórdia.
Espírito, tem misericórdia.
Amém.

"Com amor eterno eu te amei."
— Jeremias 31:3, NVI

17.
para quando você se sente muito atribulado

Estou tão atribulado que
cada tarefa parece gigante.

No início, achei que ainda estava
 caindo,
mas não, cheguei no fundo.
Não tenho mais nada a dar,
mas ainda muito a fazer.

Minha determinação diminuiu
e minha esperança está afastada
por cada pensamento ansioso:
 Algum dia isso vai abrandar?
 Será que vou conseguir descansar?
 Algum dia haverá o bastante?

Ó, Deus, mostra-me de novo
como isso funciona —
 como se dá vida a ossos secos.

Deus, tem misericórdia.
Cristo, tem misericórdia.
Espírito, tem misericórdia.

Benditos somos nós, os exaustos,
fracos e esgotados,
apenas com a última brasa
a arder,
mas que ainda suspiram,
com toda a força vocal que conseguimos
 reunir:

Sopra em mim, ó, Deus,
sopra vida em meu corpo cansado,
meus membros pesados,
traze luz aos recônditos escuros
da minha mente,
sopra conforto em meu coração triste.

"Os que creem no Senhor
encontrarão força renovada."
— Isaías 40:31, NTLH

Desperta minha consciência
em relação a quem eu fui feito para ser
e do que cabe a mim fazer.

Benditos somos nós que volvemos o olhar
em busca daquele cujos olhos encontram os nossos,
que nos conhece,
aquele cujas mãos perfuradas por pregos moldaram as nossas.
Como recém-nascidos cuja visão turva
fica focada para encontrar olhares de adoração brilhando,
sentindo prazer e plenitude, refletindo e multiplicando.

Benditos somos nós que descobrimos
que somos amados e amparados
em braços fortes o bastante
para segurar o que não podemos.

"Vinde a mim, todos os que estais cansados e oprimidos, e eu vos aliviarei."
— Matheus 11:28, NVT

18.
para quando você não consegue ficar em paz

Deus, meu espírito está perturbado
e parece não haver um fim para isso.
Mostra-me o caminho para a paz.

Agradeço pela liberdade que chega
quando começo a admitir
como me sinto impotente, pequeno,
entre as montanhas de problemas.

Deus, neste vale escuro,
deixa que tua luz chegue a mim.
Deixa que teu Espírito me conforte.
Ajuda-me a entender como meu corpo,
Minha mente e meu coração
podem estar em paz mesmo aqui.

Jesus disse:

"Eu lhes disse essas coisas
para que em mim vocês tenham paz.
Neste mundo, vocês terão aflições.
Contudo, tenham bom ânimo! Eu venci o mundo."
— João 16:33, NVI

Criador do céu e da terra e destas montanhas,
que a mim criou,
abriga-me, vive em mim, dá-me o sopro vital aqui,
junto de tudo o que é vasto demais para compreender.
Nunca me deixarás.
É um fato.
É sua maior promessa.

Amém.

> "Elevo meus olhos para os montes — de onde vem o meu socorro?"
> — Salmo 121:1, The Voice

19.
para quando você precisa de um pouco de esperança

†

Ó, Deus, estes dias parecem sombrios,
com pouca esperança.
Bradamos: Onde estás, Senhor?
E onde está teu povo,
a gente sensível que luta pelo bem?
Por que o mal sempre parece
acabar com tudo que há de bom?

Ó, Deus, ajuda-nos em nossa exaustão
e desespero.
Quando ficamos tentados a erguer as mãos
    em sinal de desistência,
ancora-nos na esperança.

Benditos somos nós que abrimos os olhos para ver
    a realidade:
a doença e a solidão,
a injustiça da opressão racial,
a ganância desenfreada e o mau uso do poder,
a violência, a intimidação,
e o uso da dominação por si só,
o deboche da verdade e o desprezo pela fraqueza,
e pior —
    a aparente impotência
        de quem quer que tente impedir tudo isso.

Benditos somos nós, que nos sentimos desgastados pelo cinismo
que sentimos termos merecido.
Nós, que estamos ficando sem ânimo
sem a promessa de um destino.

Deus, procura-nos e nos encontra,
e guia-nos aonde mora a esperança,
onde seu reino de paz virá
e sua vontade será feita
assim na terra como no céu.

A esperança é uma âncora mergulhada no futuro.
Nós te sentimos puxando-nos rumo a ela
mais uma vez.

"Não se turbe o coração de
vocês; acreditem em Deus,
acreditem também em mim."
— João 14:1, NVI

20.
para quando você está por um fio

Provavelmente o café está frio
porque ele já foi reaquecido no micro-ondas uma vez,
e canecas há muito esquecidas estão espalhadas pela casa.
As crianças estão brigando no outro quarto.
É outro dia de não ligar para a mamãe (e alguém *realmente deveria ligar*).
A louça está acumulando na pia enquanto outro *bip* do celular
lembra que há pessoas —
amigos, colegas, entes queridos — lá fora, neste instante,
esperando, enviando mensagens, querendo, precisando.
E alguém tem que decidir o que fazer para jantar hoje à noite.
De novo.

Então, porque isso deve ser verdade
(de que outra maneira podemos nos permitir ser mortais?),
Benditos somos nós, que queremos largar tudo.

Benditos somos nós quando estamos por um fio
ou prestes a explodir.
Benditos somos nós que nos perguntamos se há o suficiente, neste momento
    de cansaço,
para a beleza, o sentido e a conexão.

Bendito é o que nos cerca, desistindo da ilusão da perfeição.
Benditos somos nós que nos sentimos impelidos a alcançar o que é possível.

Que possamos sentir algum contentamento,
uma permissão grandiosa para sermos básicos,
sem um plano de cinco etapas para dominar hoje.

Que possamos juntar um pensamento ou dois
entre cada momento comum, estressante,
e perguntar se este dia insuportável —
este dia por demais atribulado e pesado —
pode trazer surpresa, até espanto,
pelo reaparecimento repentino
de centelhas de alegria.

Você já esteve lá antes,
diante do café e da louça,
diante da briga e das notificações no celular.
E está aí para ser encontrado, mais uma vez.

Bênçãos para uma vida ótima

21.
para um ótimo dia

Deus, passei uma fase tão complicada
que é difícil lembrar como era
ser surpreendido pelo encanto.
Não noto mais as pequenas coisas
que costumavam me fazer parar e
contemplar.
    Como o pássaro cantando.
    Ou o botão de rosa vermelha.
    Ou o céu cintilante.
    Ou o som do sorriso da pessoa amada.
    Ou o nariz dela se enrugando ao sorrir.
Eles se tornaram ruído branco,
detalhes turvos em minha lida diária.

Refresca minha memória, Deus.
Lembra-me da beleza do hoje.
Surpreende-me com os detalhes
que deixei de enxergar.

Benditos somos nós, despertando do
tédio da rotina,
que desejamos beber da beleza
ao nosso redor mais uma vez,
cheios do amor que tu nos deste,
da alegria escondida entre
os colmos do comum.

Benditos somos nós, que desejamos sentir nosso coração disparando
com a alegria encontrada no céu,
a lua e as estrelas,
admirando as pessoas bem à nossa frente,
com a beleza do lírio em sua pureza elegante,
e o mistério e o poder da menor das sementes,
desabrochando para a vida conforme seu destino.

Este mundo que fizeste. Ele é irredutivelmente sublime.

Benditos somos nós que pedimos
corações suaves,
olhos que despertem,
ouvidos que se abram,
mãos que sustentem
a maravilha que existe aqui,
    agora.

22. para um pequeno incentivo matinal

É um novo dia, Deus,
A luz se reúne e se espalha sobre todas as coisas.
O sono e o sonhador.
As árvores cobrindo a janela.
Até a louça não lavada sabe que chegou a hora.

Que presente.
Ainda embrulhado.

Senhor, conheces a corrida de obstáculos à frente.
A insolubilidade da maioria de meus problemas.
As irritações diante das quais terei que sorrir.
O esquecimento que vai desfazer meus melhores esforços.
E as batalhas que terei de travar porque
alguém tem que fazer isso.

Mas me traze de volta a este momento, Deus.
A gratidão que desponta dentro de mim
ergue meus olhos e dispõe minha alma.
A ressurreição voltou a acontecer hoje —
fizeste o sol nascer,
e trouxeste amor ao mundo
em forma de cruz.

O trabalho mais árduo já está feito.
O trabalho que continua, simplesmente, mais do mesmo:
mais amor, mais confiança,
mais fé no prazer invisível que tu tens
só de olhar para nós, aqui.
Temos à frente um dia que não podemos controlar,
mas que, de alguma forma, já será teu.

23.
para quando você precisa de permissão para mudar

Bendito seja você, querido,
quando o mundo ao redor mudou.
Tudo está diferente agora:
    Seu corpo, sua idade, seus relacionamentos,
    seu trabalho, sua fé.
    As coisas que antes lhe traziam alegria.
    As pessoas a quem amava, em quem confiava
    e a quem recorria.
    Sua forma de existir no mundo.

As coisas mudaram.
E seria tolo imaginar
que você não se alterou com elas.
Você não é mais o que era.

Bendito seja esse antigo eu.
Ele fez um ótimo trabalho com aquilo que sabia.

Ele o tornou quem você era
   — todos os erros e as mágoas,
   a ingenuidade e a coragem.

E Bendito seja quem você é agora.
Você que não finge que as coisas são as mesmas.
Você que continua a crescer e se ampliar
e encara a vida como ela é de fato —
   de todo coração, vulnerável,
      talvez um pouquinho medroso.

Bendito seja você que mudou.

24.
para voltar a acordar para a vida

Benditos somos nós, começando a sentir certa libertação
do medo incapacitante com que
há muito estamos habituados,
da extensa temporada de vigilância ansiosa,
do tédio e da frustração dos planos
adiados.

O duradouro gelo do inverno se foi.
Gramas novas apareceram,
assim como caminhos que não sabíamos que estavam ali.

Benditos somos nós que precisamos de ajuda para despertar para
    a música, o movimento
    e as cores da vida,
    que precisamos de ajuda para experimentar a alegria para variar.

O encanto do narciso,
o mistério e o poder da menor das sementes,
abertas e brotando vida nova,
estendendo-se, no próprio ritmo, em direção à luz.

Florescendo.

Benditos somos nós que dizemos: Desperta-me também, Deus.
Coloca-me onde a beleza e o amor possam me alcançar.
Estou pronto para coisas novas.

> "O encanto é o elemento mais pesado da tabela periódica. Mesmo uma partícula minúscula dele faz o tempo parar."
> — Diane Ackerman, *The Rarest of the Rare: Vanishing Animals, Timeless Worlds*

25.
para quando você precisa de um dia tranquilo

"Girar, girar, nosso grande deleite
será até que, girando, girando tudo se acertará."**
— Hino Shaker

Deus, preciso de um dia tranquilo,
um descanso dessas vozes estridentes
e da economia da atenção,
problemas que não posso resolver.

Preciso de uma pausa.
Deus, abriga-me por um tempo.

Benditos somos nós que vamos a ti
exatamente como somos,
pedindo acolhimento, abrigo
e segurança,
protegidos por um momento
de coisas difíceis demais para nós,
pesadas demais para suportar por
   muito tempo.

Deus, dá-nos a graça de um dia todo
de giros suaves,
de nos afastarmos das preocupações
rumo a ações repousantes,
de nos afastarmos dos problemas
de ontem ou amanhã.

Benditos somos nós,
quando o problema insolúvel
retorna à mente,
e nos afastamos dele só por ora.
Quando parece uma boa ideia
verificar as notícias mais uma vez,
porém deixamos as mãos descansarem e
a tela do computador escurecer.

** Hino composto pelo norte-americano Elder Joseph Brackett (1797-1882) quando ele era parte da Alfred Shaker Community, em 1848. (N. T.)

Quando os músculos do corpo
expressam seus lembretes estreitos,
ouvimo-los por tempo suficiente
para lhes dar alívio,
acalmamos a respiração
e baixamos os olhos,
permitimo-nos ser pequenos de novo,
embalados e erguidos até teus braços
por tempo suficiente até
a suficiência chegar —
energia o bastante para cuidar
apenas do pequeno espaço
que está ao alcance hoje.

"Bem-aventurados somos nós, que te buscamos
para nos ajudar a concentrar a mente
em coisas mais suaves,
em coisas verdadeiras
e respeitáveis,
corretas e puras, boas e admiráveis,
excelentes e dignas de louvor."
— Filipenses 4:8 NVT (parafraseado)

26.
para envelhecer com graça

Benditos são os que chegaram
  a uma nova idade —
ainda que ela não pareça se encaixar.
Pode parecer grande demais. Reduzida demais.
Limitante demais.
Pode estar marcada por uma vida
que mal se reconhece.

Os filhos que se mudaram
ou se estabeleceram em algum lugar
  distante.
O trabalho que já não define
o agito diário.
O parceiro de vida que se foi
e amigos a quem você sobreviveu.
O corpo que não mais permite
o *hobby* que você tanto ama.
O pagamento mensal que
não proporciona a flexibilidade
pela qual você esperava.

Eu não era jovem há apenas um segundo?
Será que um dia reconhecerei a pessoa
  no reflexo do espelho?
O que resta fazer que realmente importa?
Como posso saber se sou,
ou se algum dia fui... o bastante?

Benditos são vocês, que tanto
  perderam.
Vocês, cujos corpos doem, e
que não são mais quem eram.
Que não têm mais as marcas
  identitárias
que no passado os definiram tão bem.
Vocês, que vão mais a funerais
que a casamentos atualmente.
Que abraçam seus netos
recém-nascidos
e cujos pais morreram em seus
  braços.

Deus, dá-nos olhos para ver como
a vida ainda pode ser bonita
rica e plena
em meio a tanto
que foi perdido.
Lembra-nos de que ainda
não terminaste o que tens para nós.
Pois o Deus que nos chamou à
existência
nos chama até agora.
Não para um ideal ou um papel,
mas para um momento. Este aqui.

Em um mundo que iguala
idade a responsabilidade,
é tempo de lembrar
que você é uma dádiva.

Você aconselha.
Você prepara as receitas da família.

Você se lembra do que aconteceu
e, honestamente,
nós não deveríamos ter esquecido.
Você acha nossos filhos lindos
e que nossos parceiros ruins
deveriam ser largados prontamente.
Você guarda o álbum de fotos.
Você guarda nossas histórias.
Obrigado.

Mesmo quando o mundo não presta
   atenção,
que você tenha o lampejo de um lembrete
de que essas pequenas coisas acrescentam
algo que é e sempre será
lindo.

27.
para momentos à mesa

Deus, desperta-nos para o milagre diário
de uma simples refeição.
Seja um pedido feito através de um telefonema
ou uma receita que levou a tarde toda,
ou a sensação de "a mesma coisa para o jantar de novo"
que essa refeição cria,
abençoa todas elas.

Então, Benditos somos nós que compartilhamos uma
    refeição hoje.
Que possamos reconhecer a bondade de Deus
  na preparação consciente,
  na entrega,
  no ato de comermos reunidos,
    saboreando algo que tem gosto de amor.

Que nossos momentos passados à mesa sejam uma
    dádiva.

Que possamos estar presentes uns com os outros,
envolvendo todos os sentidos
como um ato de veneração grata
para a nutrição que está diante de nós
com as pessoas que amamos. Ou, ao menos, tentamos
    amar.

Deus, abençoa as mãos que prepararam essa comida,
os que estão conosco agora,
e os que gostaríamos que estivessem.
Abençoa-nos, ó, Deus.
Enquanto comemos, cozinhamos,
nos reunimos e compartilhamos,
    nossas piadas, o falar de boca cheia
      e os cotovelos na mesa,
    que possamos saborear e enxergar o amor que se multiplica.

Amém.

28.
para amigos que nos amparam

Deus, tu me chamaste para o amor,
mas as pessoas são inerentemente perigosas.
Contar minha história, ser conhecido, pedir ajuda,
reclamar de novo sobre
minha preocupação pode soar clichê agora.
Eu já não devia ter superado isso?

Mas algo acontece quando sou conhecido.
De certa forma, me torno mais forte.

Eu me lembro dos pilares que vi
sustentando catedrais.
Contrafortes, projetados para oferecer suporte
para uma parede frágil,
permitindo que elas sejam feitas mais fortes, mais imponentes,
mais cobertas de ornamentos
ou preenchidas com vitrais,
deixando que toda a luz colorida dance nelas.
As paredes sucumbiriam sem eles ali,
mas, fortalecidas, elas criam coisas belas.

Deus, quando eu não for mais tão alto nem tão forte,
dá-me pessoas que me amparem
e lembra-me de quem sou, e de que sou amado.

Sim, vou me levantar hoje.
Sim, vou comprar cereal para as crianças
e ajudar meus pais em uma tarefa.
Sim, vou trabalhar ou pensar em algo
melhor para fazer com as horas da aposentadoria.

Vou tentar de novo.
Sei que vou,
porque a fé absurda de outras pessoas em mim
    é fortalecedora.

Então, Benditos sejam nossos contrafortes.
Pois eles nos sustentam
quando tudo parece vir abaixo,
permitindo que encaremos o hoje —
não porque estamos fazendo isso sozinhos —
mas, precisamente, porque não estamos sós.

29.
para aprender a se amar

Quando eu não me sentir digno de amor,
Deus, lembra-me
de que me fizeste com um propósito.

Deus, permita-me ver através de teus olhos
para enxergar a maneira como me vês
com orgulho e ternura,
alegria e amor profundos.

Cada sarda no lugar.
Cada ponta dupla numerada.
Cada lágrima engarrafada.
Cada piada ruim alvo de risos.
Todos os meus limites e erros,
todas as minhas loucas esperanças e, às
    vezes, atitude mal-humorada.
Tudo o que faz com que eu seja eu
é uma obra-prima
— ao menos, aos teus olhos.

> "Às vezes, me sinto perdido", disse o menino. "Eu também", disse a toupeira, "mas nós o amamos, e o amor o faz se sentir em casa."
> — Charlie Mackesy, *O Menino, a Toupeira, a Raposa e o Cavalo*

Então, Bendito sou eu, aquele que às vezes não se sente amado,
que não consegue parar de repetir aquele terrível momento
várias e várias vezes,
não faz mal, já faz muitos anos
e definitivamente eles não se lembram do que eu disse.

Bendito sou eu, que me livro do incômodo
de ser humano hoje, mais uma vez,
em todos os meus momentos bizarros, descontrolados,
nas fotos antigas de escola, os sorrisos tortos
e a sensação de deslocamento que senti ou ainda sinto.

Bendito sou eu, enquanto tento me sentir em casa neste corpo,
lembrando-me, com cada vez mais compaixão,
de que este sou eu, em toda minha desajeitada condição humana.

Talvez a humildade seja algo do tipo:
    compaixão por nós mesmos,
        porque não há pré-requisitos para ser amado.

30.
para quando o dia foi ótimo

Deus, quero engarrafar a magia deste dia
e bebericá-la repetidas vezes.
Quero provar seu sabor, sua beleza,
para que eu não possa — não consiga
— esquecê-lo.

Como é que pode, Deus, um dia desses
se desenrolar com tanta naturalidade,
e, ao mesmo tempo, passar a impressão de
ter sido orquestrado
    com perfeição?

É como se ele tivesse se derramado em
minha alma
e se tornado a vitamina essencial
da qual eu não me sabia necessitado.

Parecia o surgimento repentino dos
amores-perfeitos,
suas cores brilhantes se espalhando
e se expandindo sem esforço
no solo duro, onde mais nada nascerá.

Deus, obrigado
por este dia, que se tornou
um presente lindo para mim, um coração tranquilo
e o brotar de esperanças.

Benditos somos nós que, de mãos abertas,
o recebemos com gratidão,
cuidadosamente guardando-o como a um conjunto de chá
pronto para ser servido de novo
quando os amigos aparecem.

Bênçãos para uma vida aflita

31.

para um dia triste

†

Deus, estamos de coração partido diante
de tanto mal, tanto pesar.
Conforta-nos em nossa tristeza.

Benditos somos nós que nos permitimos sentir —
a impossibilidade
do que era possível há um segundo —
    a decisão leve, o passeio casual,
    a troca fácil e a tarefa comum,
    uma escolha importante ou outra, banal,
    o correr das horas de um dia como qualquer
        outro,
até não ser mais.

É aqui o lugar em que nada faz sentido.
É aqui o lugar em que as lágrimas agora jorram.

Benditos somos nós, que permitimos que nosso
    coração se parta,
pois levará um tempo
para a irrealidade frágil nos libertar de suas garras,
para sua dissolução longa e lenta
até que vejamos por inteiro
o que nunca deveria ter acontecido.

Benditos somos nós que te pedimos, Deus,
que o pesar encontre seu caminho para se mover entre nós
e ser sentido em conjunto, que o alívio possa fluir
em laços de afeição
não rompidos por essa recente tragédia.
Apesar do luto, da tragédia e da dor,
tentarem nos convencer do contrário,
lembra-nos de que não estamos sozinhos.

Deus, tem misericórdia.
Cristo, tem misericórdia.
Espírito, tem misericórdia.
Amém.

"Eis que clamo: 'Violência!'
Mas não sou ouvido; grito por
socorro, mas não há justiça."
— Jó 19:7, NASB

32.

para quando o inimaginável acontece

Deus, fui pego de surpresa.
    O que pensei que era impossível
    … aconteceu.

Existem palavras para esta
desorientação, Deus?
    O desmantelamento do meu
        sentido de ordem.
    A maneira como cada coisa
        conhecida
    agora me parece estranha.

Às vezes, parece que a gravidade
que sustenta a terra no devido lugar foi
    suspensa.

Parece uma espécie de soltura.
    Bondade, desfeita.
    Justiça, desfeita.
    Confiança, desfeita.
    Esta vida que amei,
    desmanchada.

Estou tentando escarafunchar a própria
    ideia
de que é o fim. Não tem conserto.
Acabou.

Minha mente anda aos tropeços, Deus,
como se tentasse despertar de
    um sonho terrível.
Quando tudo o que quero fazer é
dormir.

Deus meu, ajuda-me a saber
    o que sentir,
    o que fazer,
    o que rezar,
    do que precisar,
    o que esperar
        a seguir.

Benditos somos nós que pedimos
    e esperamos
    e voltamos a pedir.

Benditos somos nós que deixamos a realidade entrar
embora o corpo estremeça.

Deus, és a única história
sobre o mundo
    em que a verdade e o amor fazem algum
        sentido.
    Lembra-me de novo disso.

Volta a me mostrar a grandiosidade
    do céu
        estendido acima de mim.

E o peso confortável
da terra que fizeste,
    me sustentando,
        descansando bem abaixo de meus pés.

> "Minhas ovelhas ouvem minha voz; eu as conheço, e elas me seguem."
> — João 10:27, NVI

33.

para coragem para tentar... e sabedoria para saber quando parar

†

"Deus, dê-me serenidade para aceitar as coisas que não posso mudar, coragem para mudar as que posso e sabedoria para conhecer a diferença."
— Oração da Serenidade

Benditos sejam vocês *que estão diante do impossível*.
    Que não desviam o olhar
    daquilo que ameaça engoli-lo inteiro.
    Que encaram a realidade
    embora seu coração acelere.
    Vocês, que agem rápido
        conforme traçam o próximo passo
        ou aplainam um novo caminho para si.
Vocês sabem como transformar esperança em ação.
E Benditos sejam por isso.

Benditos são vocês que, quando chegaram
ao fim do que é possível,
    encontraram coragem para viver aí também.
    Aceitando as coisas que não mudam.
    E descobrindo que a beleza, o sentido
    e o amor também residem nelas.
Vocês sabem como é ter uma vida
sustentada por tantos amores...
por tanta coisa a perder.

Benditos somos nós, que estamos aprendendo a como ter esperança.
    E a como deixar ir.
    Quando agir.
    E quando parar.
Mantendo duas verdades irreconciliáveis:
    que nossa vida tem tanto valor
    justamente porque temos tanto a temer
    com tanta coisa para amar.

34.
para dores coletivas

Este mundo.
Impossível.
Impensável.
Caímos de joelhos.

Deus, hoje em dia não há norte real.
E, da última vez que verifiquei,
o sol não havia surgido.
Hoje, o inocente ainda padece,
prédios ainda caem,
famílias ainda sofrem.
Um mundo acabou sem
nenhum alarde razoável.

É assim que age a tragédia,
como ela irrompe e nos rouba enquanto
dormimos.

Ajuda-nos a saber o que sentir,
o que fazer,
como sofrer —coletivamente.

Benditos somos nós
que tentamos ver as coisas com clareza,
embora a verdade delas pareça
inimaginável.

Benditos somos nós
que pedimos e esperamos, e voltamos a pedir,
por respostas que talvez não venham,
por esperança que parece difícil de achar,
por um conforto que não é facilmente oferecido.

Ao longo do caminho
mostra-nos como viver
quando perdemos as coisas que
não podemos recuperar.

Lembra-nos de que tu, ó, Deus,
és nosso lar e refúgio.
Quando a fragilidade inimaginável da vida
estiver difícil demais para suportar,
segura minhas mãos.

35.
para dias de pranto

O amor está nas particularidades. Adapte esta bênção aos nomes, pronomes e detalhes apropriados que descrevam a pessoa que você pranteia.

Hoje estamos mergulhados no pranto,
a complexidade do amor e da perda
aquece os corações e esfria os ossos.

Tal como a luz do sol
ilumina os fios da teia de uma aranha,
conexões invisíveis são reveladas:
estamos envoltos de amor.

Benditos somos nós que
reconhecemos o modo como
nossa mente se atém aos detalhes.
Sabemos exatamente
como era sua boca
quando ele ria.
Ou o significado preciso de quando
ela usava *aquele tom*.

Bendito é você quando não tem
nenhum plano racional
em compreender um mundo
sem essa pessoa. Como poderíamos?
Seria mais fácil verter
o oceano na pia da cozinha —
este amor não tem fundo.

E Benditos somos nós quando
    carregamos
esta tristeza sem dignidade alguma.
Só uns lenços de papel e uma
    expressão que
        diz:
Você não sabe quem morreu hoje.
Como poderia saber
a não ser que sentisse como o tempo, hoje,
desacelerou até não significar nada,
até eu o encontrar em minhas memórias.

Ó, Deus, só tu conheces
tudo isto:
    o sofrimento,
    as alegrias,
    as esperanças,
    os caminhos oscilantes,
    cada movimento de seu ser.

Restaura nossa alma,
enquanto recebe a dessa pessoa.
Receba-a com o tipo de
    abraço que almejamos dar.

Bendito seja o tempo que ela recebeu
e o tempo que agora você tem.
Seja em vida ou na morte,
o amor é a maior
e mais persistente verdade.

36.

para quando desastres acontecem

O mundo não está perdido,
mas, às vezes, parece.
Com árvores e casas arrancadas —
e a vida das pessoas também.
Com guerras a todo vapor e violência incessante.
Desastres absolutamente aleatórios
e tragédias que parecem não fazer distinção.
Fome, falta de moradia e pandemias.

Benditos somos nós, que bradamos —
    Até quando, Senhor?
O sofrimento que testemunhamos é insustentável.
Vem depressa.
Traze alívio rápido e conforto aos necessitados.

Abençoa os que perderam tudo.
Abençoa quem ajuda, os trabalhadores que auxiliam, os primeiros a reagir.
Abençoa os líderes e pacificadores, rápidos no agir.
Abençoa quem trabalha em resgates, os que dão abrigo, os vizinhos.

E abençoa os que, entre nós, sentem-se impotentes diante de tamanho mal.
Dá-nos visão clara, mente sagaz e coração valente
para saber quão pouco podemos oferecer,
para aliviar a dor quando conseguirmos,
para testemunhar as demandas a cuidar.

Deus, tu conheces a necessidade.
És o início e o fim.
Não nos deixaste a sós.

Deus, tem misericórdia. Cristo, tem misericórdia. Espírito, tem misericórdia. Amém.

"E lembrem-se, estou sempre com vocês, até o fim dos tempos."
— Matheus 28:20, NRSV

37.
para quando você perdeu alguém cedo demais

"Há espaços de tristeza que só Deus pode tocar."

– Irmã Helen Prejean, *Dead Man Walking*

Deus, isto é impossível.

Esta tristeza é demais para suportar.

Se houve uma ordem restrita
para o mundo que fizeste,
ela veio desenrolada
e ninguém voltará a dar corda nela.

Deus, sinto chegando
a dor pelas histórias que nunca serão contadas.
E uma raiva surgindo
quando me lembro
do que nunca deveria ter acontecido.

O pior de tudo — *Deus, será que existe coisa pior?* —
é tão bonita
a maneira como esta tristeza é a linguagem do amor.

Estou apaixonado por tamanha tristeza.

Ensina-me a falar esta nova língua-mãe.
Mostra-me como memorizar
para que eu não esqueça
o que me deram e o que se foi,
e o que nos era devido
por um mundo que nos roubou a presença dessa pessoa.

Segura minhas pontas,
pois estou sucumbindo.
E nada além do amor
me encontrará.

38.

para quando seus pais estão envelhecendo

"Mesmo na sua velhice
serei o mesmo.
E, mesmo quando tiverem cabelos brancos,
eu os carregarei!
Eu fiz isso, e os sustentarei;
E eu os carregarei
e os salvarei."
— Isaías 46:4, NASB

As pessoas que admiro
estão envelhecendo —
aquelas sem as quais não quero
    aprender a viver.
Preciso de sua sabedoria
e sua coragem agora,
mais do que nunca,
quando o tempo, as moléstias ou a
    doença
são implacáveis.
Ou elas nunca se tornarão
as pessoas que esperavam ser.
E tudo o que quero fazer é parar o
    relógio.

É claro, eu sabia que isso aconteceria,
mas fico surpreso
quando os observo
com cabelos mais brancos, mais frágeis
do que na visão de minha mente.
Acho que pensei que eles ficariam
    para sempre
por perto.
Os adultos na sala.
Os que sempre ficariam
no meu time,
ou saberiam a resposta certa
ou como agir numa emergência.
Mas como nossos papéis se inverteram.

Benditos somos nós, com o coração
que deseja bem amar
    em meio às dificuldades que virão,
    aos sustos, ao tédio, à tristeza,
em meio à longa e lenta transição
que pesa com o luto antecipado
e, não obstante, está cheia de promessas
para novas chances,
para novos perdões

e reconhecimento de mágoas passadas,
para novas graças que podem
    acontecer no
presente.

Como somos Benditos em
    relacionamentos difíceis,
nós, que procuramos aparar as
    arestas
desgastadas,
dar e receber consolo,
estender a mão, sem dizer nada,
e encontrar a paz.

Benditos somos nós que conseguimos
    até rir juntos
da nova sensação estranha
e tão humana,
e como o calor de velhas disputas
(*o que eles estão discutindo de novo?*)
quase esfriou com o tempo.

Benditos somos nós, dividindo
um olhar longo
que diz: *O que nós temos é
insubstituível.*
É um "nós" que permanecerá,
não importa o que aconteça.

"Ele enxugará toda lágrima de seus olhos. Não haverá mais morte; não haverá mais luto, choro e dor, pois as primeiras coisas já passaram."
— Apocalipse 21:4, NRSV

39.
para todas as primeiras vezes sem um ente querido

Ó, Deus, o calendário me informa a chegada de um dia importante
e que é o primeiro nesta nova realidade.
Não sei como passar por isso.

Mostra-me o que fazer com
as lembranças, as tradições,
a dor e a beleza excruciante
de tudo o que se passou.

Benditos somos nós que recorremos a ti, ó, Deus,
em meio ao luto e à perda, ao medo e à saudade,
irritabilidade e ira,
gratidão e doces lembranças,
e tanta exaustão.

Benditos somos nós que dizemos:
Deus, não sei onde é meu lar
ou quem sou agora.
Eu não poderia apenas descansar um pouco?
Estou cansado demais para sentir tudo o que há para sentir.
Exausto demais para encarar a verdade.

Concede-me solidão suficiente para consolo,
e companhia suficiente para conforto,
pessoas com quem estar que sabem como se esgueirar de leve

sob o fardo deste luto
e suportá-lo comigo sem muito o que dizer.

Benditos somos nós que te pedimos permissão
para fazer as coisas do mesmo jeito
ou totalmente diferentes,
para percorrer emoções cruas
ou vaguear na superfície de tudo.
Dá-nos sabedoria e orientação
que transcenda a sensação de estranheza,
tornando pequenos planos possíveis.

Benditos somos nós, que pedimos um caminho a seguir
durante essa fase
para celebrar algum pequeno ritual de recordação
que se torna um lugar seguro
para guardar o amor e o luto,
a raiva e a dor de saber
que não há ninguém que pode tomar o lugar dessa pessoa.
Ninguém.

Benditos somos nós que pedimos, Deus,
que tu assumas o medo,
e, com ele, nós mesmos,
e nos oriente.

"Ele cura os de coração
aquebrantado e sana suas
feridas."
— Salmo 147:3, NVI

Bênçãos para uma vida aflita

40.
para a vida após uma perda

Bendito é você que sente a ferida da perda recente.
> Ou de uma perda… não importa quão recente… que ainda faz sua voz se embargar depois de tantos anos.
> Você que está preso na impossibilidade dessa situação. Paralisado pela incredulidade.
> *Como pode ser? Não era para acontecer assim.*

Bendito é você, que procura respostas fáceis ou verdades rápidas
> para tentar digerir a situação com mais facilidade.
> Que está insatisfeito com a teologia rasa e as banalidades de sempre.

Benditos somos nós que, em vez disso, pedimos uma bênção.
> Porque lutamos com Deus e estamos aqui.
> > Feridos. Aquebrantados. *Mudados.*

Benditos somos nós,
    que continuamos zelando pelos filhos,
    que mantemos casamentos, amizades e empregos,
    e abastecemos a despensa...

porque... que escolha temos
    senão seguirmos em frente com uma vida que não escolhemos
    com uma perda a que, pensávamos nós, não poderíamos sobreviver?

Um pequeno passo. Um pequeno ato de esperança de cada vez.

Bênçãos para uma vida avassaladora

41.
para dias avassaladores

"É a estreiteza das margens do rio, afinal, que dá força a ele."
— Rob Des Cotes

Deus, ando tentando equilibrar demais as coisas,
mas não sei o que fazer além disso.
E quem mais manteria tudo funcionando
se não eu?

Benditos somos nós que dizemos,
Jesus, acredito em tua palavra.
Venho a ti exatamente como estou:
esgotado, desesperado por descanso,
mas ainda tentado a continuar
como sempre faço,
impulsionado de uma tarefa para outra
como se a terra girasse porque eu giro.

Mas, no fundo, eu sei
que isso é insustentável.

Benditos somos nós,
fechando a porta devagar,
dispostos a nos envolver
no momento presente.

Faze-me desacelerar, Deus.
Coloca a mão sobre mim
e estabiliza as batidas do meu coração.
Tira este peso dos meus ombros,
e arranca estes afazeres dos meus dedos.
Aprofunda minha respiração e
    acalma minha mente
para que eu me lembre de quem são
    as mãos
que mantêm as estrelas fixas no espaço.

Eu sei, pelas limitações do meu corpo
e o tique-taque incansável do relógio
    que nem tudo precisa ser
        feito,
    e nem tudo precisa ser
        feito por mim.

Bendito sou eu,
que começo a reconhecer que meus
    limites,
bem como meus dons, podem moldar
os contornos naturais
do que devo conseguir lidar
e do que devo fazer.

Deus cuidará de tudo
que você não pode cuidar, meu caro.
E de você também.

"Antes de nascerem os montes
e de criares o mundo inteiro, de
eternidade a eternidade tu és Deus."
— Salmo 90:2, NVI

42.
para quando você não consegue um momento de descanso sequer

✝

"À sombra das tuas asas me abrigarei até o perigo passar."
— Salmo 57:1, NTLH

A condição absurda desses problemas quase consegue me fazer rir.

Assim que um transtorno some, outros dois aparecem.
Como um jogo de *Acerte a Toupeira* que nunca tem fim.
Insuperáveis. Absurdos.

Em nosso desespero e nossa mente atribulada,
Benditos somos nós quando gritamos:
Deus, me ajuda,
aqui,
agora!

Benditos somos nós que te buscamos, ó, Deus.
Tu, que prometes nos consolar
em nossos transtornos
e que cantarás alegremente por nós à noite.
Tu, que prometes fortalecer nosso coração.

Benditos somos nós, que temos esperança… ainda…
   de que algum pequeno bem ainda pode ser feito.
   Não obstante, neste momento, que seja suficiente
   apenas existir.

Que nossos olhos se fechem e amoleçam na quietude.
   Pois Deus está acordado.

Deus, tem misericórdia.
Cristo, tem misericórdia.
Espírito, tem misericórdia.
Amém.

"Com amor infalível eu te atraí até mim."
— Jeremias 31:3, NTLH

43.
para quando você precisa de um tempo para refletir

Benditos são vocês que não têm
todas as respostas certas.
Vocês que percebem que "Não sei"
é a melhor resposta e postura por ora.
Vocês que se comprometem por inteiro, sem medo
    de aprender,
e mudar, e cometer erros ao longo de todo o
    caminho.

Benditos são vocês,
    retesados, pressionados e puxados
    pela incerteza,
    que decidem não continuar os mesmos
    porque *não somos o que éramos*.

Fomos puxados para o desconhecido
sem nossa permissão.
Mas o desafio é o mesmo:
revelar a verdade no amor em meio ao aparente caos.

Benditos são vocês que percebem que
a comunidade pode ajudar a enxergar mais integralmente a verdade
mesmo que seu rosto tenha de se virar suavemente em direção a ela.

Ser frágil em meio a tantas marteladas
exige coragem,
    estar errado,
    aprender coisas novas,
    escolher a humildade e a doçura
    em detrimento da razão.

Que sejamos pessoas que não possuem tudo isso
(e que se cansaram de fazer pose).
Curiosas, esperançosas, corajosas.

Amém.

44.
para cuidadores

Benditos somos nós
a quem o chamado da ação amorosa ainda é forte,
cuja urgência é seguir em frente, seguir atuante,
sem avaliar os custos.

E Benditos somos nós,
que começamos a notar que estamos
desacelerando, inexplicavelmente,
ou só fazendo uma pausa, contemplando sem motivo,
ou começando alguma coisa,
mas nos voltando depressa para outra demanda.
Nós que percebemos que estamos começando
a perder o fio da meada.

Benditos somos nós que dizemos:
Não posso continuar desse jeito,
neste ritmo, sob este ônus,
e o momento é tão marcante.

Deus, vem e sê as mãos que me fazem sentar
e me mantém assim por tempo suficiente
para eu realmente sentir o que sinto,
e saber o que sei.

Vem e sê a sabedoria
para descobrir que a comunidade é ampla o bastante,
boa o bastante, eficaz o bastante
para atender às necessidades aqui
 — as minhas e as alheias.

Vem e sê a paz que me liberta
que me permite deixar as mãos ligeiramente abertas por um tempo,
a graça de apenas receber.

Busque o restante de que necessita,
e um pouco mais.
E respire.

45.
para quando você está sofrendo sozinho

†

Aí está você, sofrendo sozinho,
com uma doença ou dor que permanece,
embora os amigos não o façam
— ou não possam fazer.

Você, isolado,
trancado para dentro ou para fora.

Vocês, cuidadores,
lutando na certeza
de que não há
    força, tempo ou recursos suficientes.

Você que aconselha os outros em seus traumas,
mas sofre profundamente com os próprios.

Você que chora perdas, demasiadas para nomear,
complexas demais ou impróprias para mencionar
    em voz alta.

Bendito seja você, meu caro,
buscando alguém para compreender,
ver suas feridas e sua esperança de cura.
Você é visto enquanto anda por esta estrada
difícil e solitária.

Bendito seja você, porque sua solidão
fala uma verdade profunda:
você nunca deveria ter feito isso sozinho.

Deus, dá-nos conforto e orientação,
que nossa esperança por *mais* —
uma oração que será atendida —
também seja protegida.

46.

para o benefício da dúvida

"Meu Senhor Deus, não faço a menor ideia de para onde estou indo. Não enxergo a estrada à minha frente. Não sei ao certo onde ela acabará, sequer conheço a mim mesmo... Mas acredito que a vontade de te agradar de fato te agrada."

— Thomas Merton, *Thoughts in Solitude*

Busco o conhecimento,
mas a vida é cheia de perguntas sem resposta.

Ó, Deus, revela-me o que preciso saber agora,
    e, no mais...
        ensina-me como viver com tanta incerteza.

Benditos somos nós que recorremos a ti no desconforto da dúvida,
    pois acreditamos que nossa ignorância honesta é uma oração mais
        verdadeira e melhor
    do que ficarmos patinando na certeza.

Benditos somos nós, recebendo o benefício da dúvida,
    pois acreditamos que haja uma saída, libertando-nos para
    nos tornarmos tudo o que não poderíamos saber de outra forma.

Benditos somos nós, que lembramos que tu manténs unidas todas as coisas.

És o andaime invisível que nos sustenta,
    o dossel de amor que nos cobre no presente,
    os pilares estáveis, afundados no passado,
    e o pardal que voa confiante rumo ao futuro
        trazendo-nos a paz que não poderíamos ter obtido sozinhos.

Benditos somos nós, que aceitamos a verdade de que há coisas que não
    podemos saber,
        estabelecendo-nos na humildade que só sabe de uma coisa:
        que somos da terra, enquanto tu carregas o universo.

"A dúvida não é uma condição agradável, mas a certeza é absurda."
— Voltaire, *Obras Completas de Voltaire*

47.
para estradas longas

"Assim diz o Senhor: permaneçam nos caminhos e olhem; peçam pelos caminhos antigos, perguntem qual é o bom caminho e andem por ele."
— Jeremias 6:16, NVI

"Não temas, pois estou contigo; não te aflijas, pois sou teu Deus; eu te fortaleço e te ajudo."
— Isaías 41:10, BSO

Às vezes, quando nos sentimos perdidos,
fora daquilo que sabemos,
quem queríamos ser
e onde queríamos estar,
é tentador sentir pequenez
e pensar: *Talvez*.
Talvez eu devesse apenas
deixar isso pra lá um pouco.
Talvez ninguém precise saber de mim.
Talvez seja o bastante por ora.

Ó, Deus, eu não poderia ter imaginado
que esta estrada pudesse ser tão longa,
tão difícil e tão assustadora.
Entretanto, aqui estou eu, exausto —
de corpo e alma.

Sinto-me exposto, vulnerável,
fora do normal.
Ó, Deus, não sei o que fazer

para tornar isto mais leve,
mais fácil ou para ir mais rápido.

Socorro.

Benditos somos nós, os exauridos,
que precisamos pôr de lado
o que carregamos
e começarmos a sentir
apenas o peso de nosso próprio som.
Por ora, basta.
Que nossos ombros
se ergam,
nossa respiração fique mais longa e
　　profunda,
reservando um minuto para notar
como nosso diafragma se expande e
　　contrai
sem que lhe digamos para fazer isso.

Benditos somos nós que não
　　podemos continuar...
não assim,
mas que nos colocamos de pé, olhamos e
　　perguntamos:
Qual o bom caminho a percorrer?
Existe uma estrada mais fácil?

Benditos somos nós que ouvimos
a voz que é
trovão e chuva suave.

Benditos somos nós,
a ponto de quietude total
que se torna um espaço vazio
para essa voz ecoar, se erguer
e ressoar
até ela se tornar um local de descanso
e receber o todo, e sê-lo.

E, ah, como somos Benditos
por ficarmos boquiabertos
ao descobrir que a força de Deus começa
sempre que a nossa
se esgota.

Bênçãos para uma vida avassaladora | 123

48.
para bravura quando você não se sente muito corajoso

Deus, não faço a menor ideia do que é a coragem
ou de como estimulá-la,
mas sei que preciso dela.
O medo está ocupando muito espaço
e tenho pouquíssimo sobrando.
Deus, se a coragem é uma dádiva, por favor, dá-me.
E, se for algo que preciso aprender,
mostra-me como.

Pois Benditos são os corajosos.
Os que desempenham grandes atos
de corajoso sacrifício.
Os que se movem rumo ao medo e ao perigo
para que o restante de nós se sinta um pouco mais
    seguro.

Que também possamos aprender a bravura
em pequenos atos de amor grandioso.
Nós, que sofremos, mesmo que pareça
estarmos fazendo tudo errado.

Nós, que recebemos as más notícias e demos
    o próximo passo rumo ao que precisa ser feito.
Nós, que nos sentamos nos cacos de uma vida
que se desfez.
Nós, que seguramos as mãos dos outros
nos seus piores dias.
Nós, que servimos, derramamos e continuamos amando
não importa a que custo.
Nós que vivemos ainda,
bravos e assustados ao mesmo tempo.

Talvez o medo não seja algo a ser vencido,
mas o amigo estranho que nos diz
quem amamos e as coisas sem as quais não vivemos.

Portanto, Deus, abençoa-nos.
Em nosso medo. Em nossa esperança hesitante.
Porque às vezes os corajosos também são assim.

> "Porque Deus não nos deu
> o espírito de temor, mas
> de fortaleza, de amor e
> moderação."
> — 2 Timóteo 1:7, ACF

49.

para quando você se sente esquecido por Deus

"O Senhor te abençoe e te guarde; o Senhor faça resplandecer Seu rosto sobre ti, e tenha misericórdia de ti; o Senhor levante Seu rosto sobre ti e te dê paz."
— Números 6:24-26, VARJ

Não sei como dizer isto de
    outra forma:

É demais.
Estou em um corpo que precisa de cura,
em relacionamentos que precisam de reparos,
em um mundo inteiro
que precisa de redenção,
e minha cabeça está sobrecarregada.
E sinto inveja quando outras pessoas
parecem estar com tudo aprumado,
e têm vidas que parecem
trabalhar a seu favor.
E eu, Senhor?

Deus, por favor, começa agora:
a cura prometida, a restauração,
    a redenção.
Não posso esperar muito tempo.

Benditos somos nós que rezamos
como uma criança cheia de fé:
Ajuda-me a me sentir melhor logo.

Cura-me da dor que sofro,
e deixa-me ver dias bons de novo.
Envia alívio por meio de
mãos competentes de profissionais
cujo treinamento os preparou,
e cuja disposição os impulsiona
a buscar respostas que podem fazer
diferença para mim e para os outros.

Recupera a cisão entre mim
e as pessoas que tanto me esforço para
    amar.
Quando me importar com meu vizinho
parece pedir demais.
Quando minha família é frustrante
e os colegas, difíceis.
Quando meus filhos me enlouquecem
ou meu parceiro é egoísta.
Quando meus amigos me decepcionam
e meus mentores me desapontam.
Quando me sinto só, desejando ter
o que os outros têm.

Socorre o mundo inteiro
assim como a mim:
os jovens e os velhos,
os tristes e queixosos,
os raivosos, os vingativos, os sarcásticos,
os tolos, os inocentes,
os equivocados,
os cruéis e poderosos,
os fracos e delicados,
os prisioneiros e manifestantes,
os políticos e os policiais,
os cientistas e engenheiros,
os enfermeiros e os médicos,
os funcionários e os desempregados,
todos os doentes, os famintos, pobres
e sem lar,
os solitários e moribundos,
cada alma de toda a tua criação.

Ó, Deus, que tua bondade permaneça.

Benditos somos nós, os que estão fartos,
que fazemos tudo o que podemos:
lamentamos com honestidade e rezamos
    com constância,
e ficamos contentes de verdade pelos outros
quando aliviados,
quando seus relacionamentos são
    recuperados,
ou quando experienciam
um pouco de paz.
Pois sua sorte não nos diminui.
Mas, em vez disso, nos encoraja a rezar:
Eu também, Senhor!

Receba esta bênção. Ela é sua.
Em seguida, abençoe outra pessoa também.

50.

para quando há coisas demais com que lidar

"Como a humanidade é frágil! Como a vida é curta, como é cheia de problemas!"
— Jó 14:1, NTLH

Meu corpo se lembra das noites em claro,
dos suores frios e do estresse sem fim.
Mas o pior
é que não sei como seguir em frente.
Estou cansado para acreditar que realmente acabou.
Não sei quando posso parar de ter medo.

Deus, mostra-me como processar tudo isto.

Benditos somos nós, quando decidimos
abrir espaço para tudo isto:
o medo e a gratidão,
a complexidade e o sofrimento.

Benditos somos nós, que entregamos a ti tudo isso —
sem cortes — todas as verdades terríveis,
os medos e as incertezas.

A gratidão pelos belos corações
em ação, que vêm voluntariamente
para o espaço estranho e desengonçado
que é minha necessidade.

Benditos somos nós, aprendendo juntos como seres humanos,
que a dor é inevitável,
enfermeiras são maravilhosas, hospitais são barulhentos,
pessoas são corajosas.
Crescemos, somos feridos e nos curamos
e depois tudo recomeça.

Sinta tudo. Convide suas emoções para tomar chá,
   e ouça.
Talvez elas não fiquem por muito tempo.

> "Mas eu, quando estiver com medo, confiarei em ti."
> — Salmo 56:3, NVI

Bênçãos para uma vida dolorosa

51.

para dias dolorosos (e quando nosso corpo parece um inimigo)

Bendito seja você neste dia cheio de dor.
Quando sair da cama parece uma vitória digna de prêmio.
Quando você não consegue se lembrar de como é não estar tão ciente do
    próprio corpo.
Quando você organiza as semanas com base em compromissos ou efeitos colaterais.
Ou quando você para de contar a verdade em geral —
    sobre como isso dói,
    como você tem medo da própria mente,
    ou os detalhes chatos de outro não diagnóstico —
porque você tem medo de que as pessoas tenham parado de se importar.
Você fala a língua do sofrimento, que o mundo não tenta entender.

Bendito seja você cujo mundo se reduziu a um espaço tão pequeno
que ele se define sobretudo pelo que não é mais possível.

Você importa, meu caro.
E sua dor também.
Ela não o desqualifica, e nunca desqualificou, do pertencimento.

Na verdade, a vida é dolorosa,
e o que a torna assim

é o terrível e belo
viver lado a lado.
Nossos amores. Nossas perdas.
Nossos limites e nossas esperanças.
Nossos sucessos e fracassos.

Alguns tentariam nos vender a ficção
de que existe um clube da invencibilidade,
e que deveríamos participar.
Se ao menos fôssemos qualificados.

Mas nosso Deus veio se ocultar
em nossa fragilidade,
em nossa humanidade,
para conhecer nossa dor de dentro para fora.

Ó, sofredor, você nunca, nunca será deixado para trás.
Você pertence. Você é amado.
E nunca foi esquecido.

Junte-se a nós, na companhia dos despedaçados.

52.

para alcançar graça para outras pessoas (e para nós mesmos)

Benditos somos nós, os agraciados.
Nós, que não merecemos.
Cujas falhas nos assombram.
    As coisas que dissemos.
    As coisas que deixamos de dizer.
As decisões, os vícios e relacionamentos rompidos
que têm efeito cascata ainda hoje sentidos.
De alguma forma, somos os receptores deste dom misterioso.

A graça não apaga a dor ou o dano que causamos.
Mas, ainda assim, é graça.
Para nós, os passíveis de resgate.

E, se nós somos... significa que *eles* também são.
Sim — até mesmo eles:
    O vizinho grosseiro.
    O pai ausente.
    O ex imperdoável.

    O chefe que ferrou você.
    O médico que errou feio.
    O pastor egoísta.
    O familiar que fez o impensável.

Apesar de tudo o que fizemos e deixamos por fazer, somos agraciados.

Benditos somos todos nós, que lutamos contra a falta de perdão e de graça.
    Você, que conserta as coisas.
    Você, que busca o perdão.
    Você, que pede desculpas ainda que isso nunca seja o suficiente.
    Você, que encontra a ponte para perdoar o mal que lhe causaram.
    Ainda que não consiga esquecer. Ou voltar atrás.
    Ou eles não se arrependem o suficiente.

Benditos somos nós que vivemos aqui. Neste mistério, neste escândalo de graça.

53.
para o caso de você ter tido uma infância dolorosa

Bendito é você, que vem com sua dor,
permitindo que ela transmita toda a sua verdade.
Pois aqui, nos braços de Jesus,
a realidade é uma hóspede bem-vinda.
A queixa é entendida em sua essência,
a sombra escura da traição
é vista de dentro.

Aqui, meu caro, é onde o trabalho
da cura começa.

Bendito é você que chora
quando se encontra, mais uma vez, com aquela
 criancinha
que precisava de proteção e não a recebeu,
que merecia respeito, mas não o ganhou.

As coisas que deveriam ter acontecido, mas não
 aconteceram,
e as que aconteceram, mas não deveriam.

Os sistemas familiares desfeitos e as
crueldades normalizadas
que permitiram que sua dor continuasse
muito além do que deveria.

Pois agora você veio a Deus,
que conhece seu passado,
seu presente,
e seu futuro,
que já moveu céus e terras
para restaurar sua dignidade,
e devolvê-lo a si mesmo.

P.S.: Reserve um minuto para lembrar a seu eu passado
que você é amado agora, amanhã e para sempre.
E descanse. Você está seguro. Você está protegido. Você é amado.

54.
para quando a igreja o magoou

Deus, tu me viste ir embora.
Eu precisei.

Pois o que era para ser um refúgio,
uma comunidade de esperança, propósito,
incentivo mútuo
distorceu tudo o que eu acho que és.

Ó, Deus, leva-me ao cerne do amor
para que eu possa encontrar a cura de que preciso,
e proteger a reverência que tenho por ti.

Pois tu não consomes, mas alimentas.
Tu não destróis, mas constróis.
Tu não abandonas teus pequenos,
mas insistes que o lugar deles é nos teus braços.

Envolto aqui, eu te vejo agora,
o Deus que nos ama até o fim.
Pois, mesmo eu tendo ido embora, tu não foste.

Tu me encontraste. E vai me guiar.
Agora, vamos encontrar os outros.

55.
para quando a esperança parece perdida

"O choro pode durar uma noite, mas a alegria vem pela manhã."
— Salmo 30:5, ACF

A esperança é um sonho lembrado
    pela metade
atrás de uma porta fechada.

Tudo está perdido.

Deus, esta realidade é uma corrente tão forte
que tenho certeza, ao menos por ora,
de que ela vai arrastar a todos nós.

Poderias abençoar esta honestidade
que tem cara de desespero?

Podemos sussurrar que, de alguma forma,
somos Benditos,
com espíritos famintos pelo que é bom?

Permite que nossos olhos vejam o espaço
pequeno, vedado,
onde a dor nos isolou.

Bradamos: Deus, ajuda-me.
Não consigo sair dessa.
Então, por favor, intervém.
Corte as paredes
desta dura prisão
e a inunda com a luz
de tua presença.

Faze com que rezar seja tão natural
   quanto respirar
para liberar a ti tudo o que sei,
sinto e penso,
e inala profundamente
um pouco de tua bondade e força.

Benditos somos nós quando
   percebemos
que, de repente, não mais que de
   repente,
tu nunca vais embora. Insististe em
insuflar vida, esperança e verdade
nos meus pulmões,

preenchendo tudo,
até a dor se dissolver
e eu estar livre para voltar a me
mover na fé.

Benditos somos nós que temos
um lampejo de certeza
de que, na expansão da escuridão,
e tão certo quanto o dia vem após a
noite,
a esperança retorna.

P. S.: Respire fundo.
Deixe vir um bocejo, depois outro.
Veja a coisa nova que se inicia.
Sozinha.

56.

para quando a dor não faz sentido

Deus, ando escarafunchando respostas, motivos, sentido.
Não consigo encontrar nenhum propósito nesta dor.
    Por que eu?
    Por que eles?
    Por que agora?

Não sei quando isso vai melhorar.
Ou se algum dia sentirei alívio.

Deus, faze esta dor importar... ao menos para ti.
Enxerga-me na minha fragilidade.
Dá-me um lembrete da tua presença.
    Busca-me,
        pois estou exausto demais para te buscar.

Benditos somos nós que temos de ser lembrados
    que há coisas que podemos consertar
    ... e outras que não podemos.

Benditos somos nós que podemos dizer:
    Minha vida nem sempre fica *melhor*.

Bem no meio da dor, do medo e da incerteza,
que possamos buscar beleza, sentido e verdade... juntos.

Não para apagar a dor ou resolvê-la
    (mas *bem que seria bom*),
    mas para lembrar que a beleza e a tristeza coexistem.
    E isso não quer dizer que estamos arruinados ou fomos esquecidos.

Deus está aqui, e nunca estamos — *nunca estivemos e nunca estaremos*
— sozinhos.
Em nossa esperança. Em nossa decepção. Na alegria. Na dor.

Deus, tem misericórdia. Cristo, tem misericórdia. Espírito, tem misericórdia. Amém.

57.
para quando você está cansado de sistemas falidos

Ó, Deus, estou farto de sistemas falidos
que acabam com as pessoas
feitas para servir.

Domina esta raiva!
Canaliza-a para ações valiosas e me mostra
o que devo consertar e quais limites vigiar
para manter o bem dentro e o mal fora.

Benditos somos nós que nos horrorizamos
com o fato de a ignorância bruta dominar tão
 facilmente
a decência, a honestidade e a integridade.

Benditos somos nós, que optamos por não desviar
 os olhos
de sistemas que desumanizam, enganam, difamam
 e distorcem.
Nós, que reconhecemos que pensar e rezar
 não basta.
Nós, que defendemos a verdade sobre a conveniência,
 o princípio sobre a política,
  o senso de comunidade acima da competição.

Ó, Deus, como são Benditos os que bradam a ti:
Empodera-nos a ver e denominar o que está quebrado,
que devemos restaurar.

Guia-nos rumo a alternativas
coerentes e belas
que incentivam a vida, a esperança e a paz.
Ajuda-nos a usar nossos dons em unidade uns com os outros.

Benditos somos nós, que escolhemos viver em antecipação,
os olhos analisando o horizonte
em busca de sinais de teu reino —
o céu descendo à terra —
    assim como esperamos.

"A mim me deixaram, o manancial de águas vivas, e cavaram para si cisternas, cisternas rotas, que não retêm as águas."
— Jeremias 2:13, NVI

58.
para quando sua família o desaponta

Deus, estou com raiva, magoado e incrivelmente
    triste.
As mesmas pessoas que deveriam me amar
e me conhecer melhor
    me decepcionaram.
Não sei se conseguirei deixar isso pra trás
    ou seguir adiante.
        Estou perdendo meu senso de lar.
E essa realidade me enche de medo.
Seja grande, seja pequena,
esta dor sempre parece… imperdoável.

Sei que eles são apenas humanos (*sei mesmo, é sério*),
mas seus erros parecem ecoar através de mim.
Eles tocam uma tecla dolorosa que soa repetidas vezes.
Sinto-me convencido, de uma vez por todas,
de que não sou amado, reconhecido, seguro.

Sinto-me pequeno de novo.

"Embora meu pai e minha mãe me desamparem, o Senhor me acolherá."
— Salmo 27:10, NVI

Então, Deus, me abençoa quando lágrimas me brotarem dos olhos,
e eu me sentir perdido em mim mesmo.
Traze-me para casa.
Lembra-me dos lugares a que me trouxeste,
da pessoa que me tornei,
quando sinto tua luz e paz.
Perdoa essas pessoas por mim quando eu não conseguir
e envia um pouco de graça para este momento,
a fim de impedir meu coração de se partir
ou minha ira de surgir
ou qualquer frase que comece com
"VOCÊ SEMPRE…"

Tu me lembras de quando sou um estranho para mim mesmo
e um forasteiro em minha própria morada.

> "Eis que faço novas todas as coisas."
> — Apocalipse 21:5, ACF

59.
para quando seu filho está sofrendo

"Das profundezas clamo a ti, Senhor; Ouve, Senhor, a minha voz.
Estejam atentos os teus ouvidos às minhas súplicas."
— Salmo 130:1-2, NVI

Ó, Deus, meu filho está sofrendo
e não parece que consigo fazê-lo melhorar.
Por favor, vem e ameniza essa dor
e me mostra se há algo que eu possa fazer.

Benditos somos nós que abrimos nossas
    mãos para ti,
Senhor,
estas mãos inúteis que não podem fazer nada.
Benditos somos nós,
livres do isolamento da tristeza
e agraciados para orar:

Oh, Deus, este filho é teu também.
Conheces cada célula deste que fizeste,
cada movimento de corpo e coração,
cada necessidade antes de transformada em
    pensamento,
cada ansiedade que os impede de dormir.

Confio a ti este filho precioso cujos
corpo, mente e alma tu costuraste.

Coloca cada célula, cada sistema em ordem,
que haja solidez, plenitude e cura.
Restaura a beleza, a resiliência e a esperança,
e permite que os dias bons sejam mais numerosos que os ruins.

Traze qualquer influência ou recurso externo que possa fazer a diferença,
bons amigos, sistemas de apoio e profissionais gentis,
e torna-os eficazes, altruístas, ágeis e fortes.
Benditos somos nós, que oramos:
Cria, a cada momento,
uma ponte do sofrimento para o alívio,
da angústia para o conforto,
da solidão para a comunidade acolhedora,
das profundezas para o terreno plano,
e uma vida capaz de funcionar, crescer, abençoar e ser abençoada.

Que suas orações vão e venham a cada lembrete.
É isso o que você pode fazer.

Bênçãos para uma vida dolorosa

Bênçãos para uma vida horrorosa

60.

para um dia horroroso

"Bem-aventurados os pobres em espírito, pois deles é o reino dos céus."
— Mateus 5:3, NVI

Não consigo encontrar nada de bom hoje,
e não quero tentar.
Parece uma mentira para adocicar a realidade,
em vez de dar o nome certo a ela.
Quando há muito o que prantear,
perdas e decepções demais
    para denominar,
muitas coisas dando errado,
quando é melhor
voltar para debaixo das cobertas
e tentar de novo amanhã.

Benditos somos nós, os Pedros Pessimistas
e as Neides Negativas,
que vamos a ti como somos,
com nossas solidões e perdas,
escassez e tristeza,
e dizemos: *Deus, simplesmente não há o bastante.*
    Dinheiro o bastante para pagar contas.

152 | 100 bênçãos para dias imperfeitos

Empregos o bastante ou segurança
para quem os tem.
Sabedoria o bastante
    para encontrar soluções.
Força ou conforto o bastante,
    ou conexão.
Paciência o bastante
para lidar com essa gente.
As coisas estão difíceis hoje.

Talvez seja muito dizer:
"Deus, obrigado por hoje".
Porque hoje já está cheio
de frustrações, atitudes ruins
e desesperança.

Portanto, que também haja
uma bênção para nós que dizemos:

"Deus, poderias vir me encontrar
    neste dia horroroso?"
Dá-me um microscópio para reparar
nas graças pequenas, minúsculas.
    O aroma antes da chuva.
    A maciez do pelo do meu bichinho.
    O modo como meu amigo
    dá os melhores abraços.
    Ou que meu programa favorito
    sempre me anima.

Então, quando a gratidão parecer impossível,
que eu possa aprender a estreitar tanto
minha atenção a ponto de encontrar as menores
    esperanças.
Não como uma fórmula para silenciar os erros,
mas como prática de descobrir
quaisquer migalhas de alegria
agora visíveis no chão da cozinha.

61.
para quando se está com medo

†

Deus, estou paralisado de medo.
Medo de que meu passado volte para me assombrar.
Medo do que pode acontecer em seguida.
Medo do que pode não acontecer.

Por meus entes queridos, filhos, amigos,
meus pais, meu emprego, país e mundo…
medo, medo, medo.

Benditos somos nós que admitimos:
    "Deus, estou com medo".
Benditos somos nós que confessamos:
    "Não sei como interromper
    o ciclo das preocupações".
Conheces nossa mente ansiosa.
Sacias nosso coração inquieto.
Promete-nos tua presença —
    a quietude do teu amor.

Deus, acalma meus medos. Segura-me quando sinto
que não há onde me escorar.

Por ora, que eu inspire e expire tua presença.
Inspiração: *Pois nosso Deus*
Expiração: *está mais perto que o ar.*

Deus, tem misericórdia.
Cristo, tem misericórdia.
Espírito, tem misericórdia.
Amém.

"Meu coração se tornou como
como cera, derreteu-se no
meu íntimo."
— Salmo 22:14, NVI

62.
para momentos de espera

Deus, aqui estou eu, à espera.
Onde o ar está parado
e faz pressão sobre todas as possibilidades,
nesta sala de espera com todos os outros —
    à espera de um diagnóstico ou resultados de testes,
    de uma tomada de decisão
    ou que meu coração finalmente saiba
    daquela carta que chegou por correio,
    da manchete que saiu,
    do ente querido que se recusa a mudar,
    ou do filho que, finalmente, encontrou a felicidade.

Deus, aqui esperamos,
onde medo, raiva
e frustração vêm com tanta facilidade,
e as mais simples decisões parecem durar uma eternidade.
Onde somos lembrados, mais uma vez,
que temos controle de muito pouca coisa.

Deus, vem e nos ajuda.
Precisamos de algo — de alguém —
que faça a diferença.
Ansiamos por boas notícias.
    Não pela antecipação do medo consciente
    que conhecemos tão bem.

Traze aquele milagre absurdo.
    O telefonema ou a notícia.
    A decisão ou a resolução.

Mas, se isso não acontecer, Deus, abençoa *isto*.
O local em que o amor se torna o ar que respiramos
até mesmo aqui, na sala de espera.

63.
para quando você não consegue se amar

Deus, eu não me amo, então, como os outros vão me amar?

Benditos somos nós que dizemos:
Deus, talvez eu possa pegar emprestado um pouco de tua
 misericórdia,
enquanto te revelo a falta de amor interna.

E talvez, enquanto eu a transmito,
eu possa pegar emprestado um pouco de tua gentileza e graça
para uso próprio,
para me ajudar a absorver um pouco destas
sensações fugazes de amor,
a fim de poder respirar livremente em minha própria
 companhia.

Há um segredo enterrado
em algum lugar da minha mente
de que sou mais do que digno,
de certa forma, apreciado,
com detalhes embaraçosos.

Então, tudo bem, eu aceito.
Inspirar esse amor dá vida a todo o restante.

"Regozija-te por seres quem és; pois nosso Senhor te ama profundamente."
— Abade Henri de Tourville

64.
para quando você estiver de mau humor

Deus,
reclamações são totalmente subestimadas.
De que outra maneira posso ser honesto?

Cada frustração que gira me deixa zonzo.
E a quantidade imensa
e o momento de cada novo problema
me convenceram se tratar de uma
    conspiração.
Estão tentando me arruinar?

Estou tentando.
Honestamente, estou tentando.

Deus, vem me encontrar aqui.
Abranda meus ressentimentos.
Acalma meu coração acelerado.
Liberta esta sensação do meu peito.

Benditos somos nós quando notamos
que o dia está tomando
o rumo errado.

"Porque tenho o desejo de fazer o que é bom, mas não consigo realizá-lo."
— Romanos 7:18, NVI

Não importa o quanto nos esforcemos,
as respostas não estão chegando,
e mesmo as perguntas
desandaram.

Benditos somos nós quando reconhecemos
que é hora de parar,
ficar um pouco sozinhos
e respirar.

Benditos somos nós,
que notamos algo surgindo,
a memória de uma verdade revelada,
de misericórdia revisitada,
um consolo, uma palavra.

E como somos gratos
por darmos o primeiro passo
e descobrir que ele tem rebentos próprios.

65.
para quando você não sente a melhora

†

Não sou nem sombra da pessoa que achei que seria.

E eu não teria escolhido esta vida.

Benditos somos nós que dizemos:
Deus, cheguei ao fim
do meu autoaperfeiçoamento.
Certas coisas são simplesmente impossíveis.

Mas, mesmo assim, dá-me tarefas para fazer.
Deixa-me ter um papel nos
belos trabalhos ainda possíveis.

Mostra-me como a bondade cresce
no corpo que agora habito,
dentro das circunstâncias,
nestes anos breves e força finita,
e com estes olhos que só enxergam até certo ponto.

Dá-me coragem para imaginar
que qualquer trabalho grandioso teu
pode caber no pequeno espaço que é a minha vida.
Mostra-me teus planos.
Aceita minha inscrição.

Deus, tenho pouca esperança de mais coisas
exceto de conseguires abrir espaço
para crescimento.
Bem aqui,
onde a poeira assentou
nas fundações
de meus planos bem-definidos.

66.

para quando você está farto, mas não obtém nenhuma resposta

A você pertence o corpo que carrega o fardo,
o coração que carrega a decepção,
    quando operações são malsucedidas,
    quando medicamentos causam efeitos colaterais,
        — ou não funcionam de forma alguma.

A você pertence a vida dominada por uma doença
que grita tão alto, mas em uma língua que ninguém parece compreender.
Sua é a chegada que causa a consternação de especialistas,
o desconforto de amigos e o pesar de familiares.

Bendito seja você, meu caro,
    pois não é o problema nem a causa.
    Você é o lembrete de qualquer pessoa de que coisas terríveis acontecem,
    e podem continuar acontecendo, sem nenhum fim à vista.

Você, que está tentando dar conta de tudo —
da dor, do luto e das decepções que continuam acontecendo —
quando você tenta proteger os outros de seus próprios e piores medos,
poupá-los das verdades duras.
Bendito é você, coração querido, pois pode largar esse fardo.
Pois ele também é nosso e o adotamos.

Pois nós é quem somos Benditos
por receber o privilégio de estarmos com você,
de conhecê-lo, vê-lo, amá-lo, e dizer, junto com você:
sim, a vida é tão difícil,
tão incerta, tão frágil e tão preciosa.
Isto é real.

67.
para quando imaginou que desta vez seria diferente

Deus, achei que agora as coisas
seriam diferentes,
mas novas pressões continuam surgindo.
Venho lutando há muito tempo
    para dar conta de cada desafio,
    para angariar recursos,
    descobrir pequenos confortos,
    mudar estratégias,
    escarafunchar minhas reservas,
    permanecer positivo,
mas preciso de descanso,
esperanças renovadas
e um minuto para dizer, apenas,
Gostaria que as coisas fossem mais fáceis,
    de verdade.

"Não sabemos o que faremos, porém os nossos olhos estão em ti."
— 2 Crônicas 20:12, ACF

Justo quando pensamos
que quase tínhamos acabado
aparece outra coisa.
Não há linhas de chegada.
Temos saudades das alegrias simples
do passado,
dos prazeres diários
de que mal conseguimos nos lembrar,
mas pelos quais ainda ansiamos.
Uma ótima noite de sono.
Menos estresse financeiro.
A facilidade para fazer planos futuros.

Benditos somos nós que recorremos a ti,
    Deus,
em meio a problemas
grandes demais para nós,
que foram longe demais por muito tempo.
Que ousamos dizer
que agora seria um bom momento

para a ajuda chegar,
para isso acabar de uma vez por todas.
Deus, envia-nos ajuda.
Traze soluções para os desesperados,
proteção para os vulneráveis,
alívio para os que sofrem,
força para quem cuida,
sabedoria para quem está no comando.

Deus, sustenta-nos e nos orienta
para a realidade em que agora vivemos.
Ajuda-nos a encontrar o ritmo.
Mantém-nos despertos
para o que pode ser feito aqui e agora.

> "Eu te fortaleço, e te ajudo, e te sustento com a destra da minha justiça."
> — Isaías 41:10, ACF

68.
para quando você se sente travado

✝

"Não entendo o mistério da graça — apenas que ela nos encontra onde estamos e não nos deixa onde nos achou."
— Anne Lamott, *Traveling Mercies*

Deus, estou no lugar errado, e sei disso.
Mas não consigo sair.

Benditos são os pobres em espírito,
prontos para dizer: não faço a menor ideia
de como cheguei aqui
ou de como escapar deste lugar estagnante,
o que sei é que estou pronto para
mais luz, mais verdade, mais graça.

Deus, permita que haja momentos hoje que
 me movam
para onde o amor e a beleza possam me
 alcançar.
Lembra-me dessa verdade mais profunda
que dá vida a cada passo.

Leva-me aonde eu possa crescer
e fincar raízes na verdade em que eu possa confiar,
onde o amor vive
e a beleza está desperta.

Deixe seu coração buscar o primeiro bom passo.
E o próximo.
Movimento.
Esse é o caminho.

"Não se pode pensar em uma confusão espiritual com clareza, é preciso obedecê-la com clareza."
— Oswald Chambers, *My Utmost for His Highest*

69.
para quando você se sente sozinho

Deus, há espaço
no meu coração, na minha vida,
que gostaria que outras pessoas preenchessem.

Seria vergonhoso admitir
que me sinto solitário?

Preciso de alguém caminhando ao meu lado,
    cujos olhos enxerguem o que os meus veem,
    cujos ouvidos se abram para ouvir o que penso,
    e cujo coração seja
    um pouquinho mais aberto.

Não fui feito para fazer essas coisas sozinho.

Sinto isso nas transições, Deus,
nos momentos em que preciso de alguém para
    quem ligar,
depois de uma lembrança que não quero esquecer.
É como me inclinar para trás
sem saber se vou sentir
o peso confortável
de um apoio.

Poderias me lembrar de que sou amado?
De que minhas necessidades não são excessivas.
De que minha personalidade não é tão absurda.
De que os detalhes da minha vida merecem registro,
guardados por outra pessoa.

Dá-me coragem para visitar novos lugares,
arriscar buscar ajuda,
fazer planos com conhecidos
que podem se transformar em amigos.

Dá-me paz.
Dá-me esperança.
Dá-me pessoas.
E, nesse ínterim,
lembra-me de que momentos agradáveis
ainda estão por vir.

Bênçãos para a vida alheia

70.
para outras pessoas

Ó, Deus, estamos cercados por nossos amores.
Eles precisam de ti. E precisamos de ti para carregá-los.
Que o amor suporte o peso de todos nós.

Abençoa nossos filhos e netos.
As crianças vivas e as que se foram.
Abençoa as pessoas que aceleram nosso coração,
agora e no passado.
Abençoa nossos pais e avós,
fortalece nossas raízes e galhos.
Abençoa nossos bichinhos e tua criação,
e o consolo que eles trazem.
Abençoa nossos amigos e familiares que escolhemos,
todos os laços que nos unem.

Agradeço por este amor,
este amor absurdo e maravilhoso.

Deus, abençoa nossas memórias
daqueles que morreram,
e libera em nós a plenitude de sermos capazes
de amá-los como se estivessem vivos
e como estão agora,
no mistério além de nossas vistas.

Deus, abençoa todas as pessoas sofrendo que compartilham
este momento e este espaço conosco,
cuja vida ainda é um livro não escrito,
tal como a nossa.
Vem e escreve tuas palavras de amor
que pronunciamos — em palavras e ações —
de formas que curam nosso passado
e acendem esperança pelo futuro.

Deus, vou admitir abertamente
que meu plano era salvar a todos nós.
Arranca isso de minhas mãos.
Absolve minha culpa.
Acalma meu espírito.
Permite que eu passe a ti as coisas impossíveis
e carrega o peso do mundo
que decidi suportar sozinho.

"Aqueles que dão alívio aos outros
serão enriquecidos,
e o que proporciona alívio
será ele mesmo aliviado."
— Provérbios 11:25, NTLH (parafraseado)

71.
para quando há muita gente sofrendo (e você não sabe o que fazer)

†

Ó, Deus, tanta gente sofrendo
além do que consegue suportar.
Vem depressa
com uma ajuda mais forte que a morte.

Tu vês os vulneráveis,
enfrentando o que achamos difícil imaginar.
E seus cuidadores, profissionais da saúde,
familiares, professores e auxiliadores de todos os tipos
que reúnem recursos escassos
enquanto eles próprios estão quase a zero.

"Bendito seja Deus... de toda a consolação, que nos consola em toda tribulação, para que também possamos consolar os que estiverem em alguma tribulação, com a consolação que nós mesmos recebemos de Deus."
— 2 Coríntios 1:3 - 4, NVI

Benditos somos nós,
ainda em relativa tranquilidade,
ainda jarros de barro,
mesmo quebrados,
que damos aos outros
o que ainda podemos dar,
que oram
com ousadia
e amor feroz.

Esta é a base de nosso ser —
o amor de Deus por nós e o amor trabalhando através de nós.

Deus, tem misericórdia.
Cristo, tem misericórdia.
Espírito, tem misericórdia.
Amém.

72.

para quem escolhe se sacrificar por nossa causa

"A compaixão constitui uma forma radical de crítica, pois anuncia que a ferida deve ser levada a sério, que ela não deve ser aceita como normal e natural, mas como uma condição anormal e inaceitável para a humanidade."
— Walter Brueggemann, *The Prophetic Imagination*

Benditos são vocês, que permitem que partam seu coração.
    Vocês não precisam fazer isso.
    Poderiam simplesmente ter cortado o assunto,
    delegado como se fosse tarefa de outra pessoa.
    Mas vocês não delegaram.
Vocês deram carona, fizeram os preparativos ou se sentaram na sala de espera.
Vocês entregaram seu tempo precioso à ineficiência e à exaustão da tragédia.

Benditos são vocês, que aparecem no pior dia de alguém
   porque é seu trabalho.
   O profissional da saúde, diretor funerário, pai adotivo, capelão,
   assistente social, pastor, advogado, policial ou juiz.
Vocês, que não se deixaram endurecer por todas as coisas que presenciaram.
Vocês, que oferecem a dádiva da presença constante em meio ao caos enlouquecedor.

Benditos são os grupos de prestação de cuidados que nos cercam quando sucumbimos.
   Sabendo que não podemos fazer isso sozinhos,
   e acreditando que, mesmo que não tenhamos as respostas
   ou as palavras certas a dizer ou não saibamos exatamente o que fazer,
continuaremos a aparecer.
   Repetidas vezes.

Pois é isso que o amor demanda: deixar nossos corações se partirem *juntos*.

73.

para testemunhas

Benditos são os observadores. Os que enxergam a história por completo.
Benditos são os atendentes. As testemunhas. Os detentores de histórias.
   Os que andam ao nosso lado na ponta dos pés até a beira,
     sabendo que esse ato também partirá seu coração em pedaços.
        Mas que fazem essa escolha.

Benditos são os que se maravilham por uma vida
vivida em sua fragilidade, brevidade, beleza.

Benditos são os que ficam perto o bastante para dizer: "CONTEMPLEM".

Contemplem, isto é seu amor.
Contemplem, isto é seu hábito irritante.
Contemplem, estas são as pessoas a quem amaram e conhecem tão bem
que poderiam acusá-las ou inocentá-las de um crime.

Contemplem, estes são seus ex e suas músicas favoritas para ouvir no carro, e seus pedidos de *fast food.*

Contemplem. Este não é um problema para ser resolvido. É uma pessoa para ser amada.
É o milagre que chamamos pelo nome.

E não somos sortudos?

Essas pessoas.
Esses amores.
Esses dias muito, muito, muito preciosos.
Graças a Deus.

"Mais cedo ou mais tarde, a morte vai pensar em nós. O truque é encontrar alegria nesse meio-tempo e fazer bom proveito dos dias que temos."
— Ann Patchett, *These Precious Days*

74. para os que cuidam de doentes

Às vezes, só o amor não basta.
    Ele não pode nos salvar, salvar os outros,
    salvar a vida que tínhamos juntos.
    Somos finitos.
    E não temos controle de uma porção de coisas.

Portanto, Benditos sejam aqueles que têm coragem de
    andar até a beirada,
        espiar colina abaixo...
            e sentir o vento ascendente do abismo,
    sabendo que farão tudo de novo no dia seguinte.

Benditos sejam os que arrumam quartos de hospital
e fazem perguntas
e pedem *mais gelo, por favor.*
Quem dorme em uma cadeira dura e diz, *ah, sim, aqui*
    está bastante confortável
e os que rezam até não poderem mais e
os companheiros de soro semanal.

Benditos os que trazem os panos com água fria,
os alarmistas que chamam "acorde para tomar o remédio",
e os que afirmam *eu não me importo em te levar*
    até o banheiro,
poupando outros de sua própria humilhação.

Benditos são os que resistem,
sem nem pestanejar diante da verdade.
 Não importa quão aterradora,
  não importa quanto altere a vida,
  quão inconveniente ou inesperada.
  Não importa o quanto isso lhes custe.

Porque *esse* é o tipo de amor que fica.

Benditos sejam os que seguram mãos e trazem a verdade,
pois caminharão conosco até o fim
antes de ter de nos deixar ir.

75.

para quando é pedir demais amar um inimigo

"A escuridão não pode afastar a escuridão; só a Luz pode fazer isso. O ódio não pode afastar o ódio; só o Amor pode fazer isso."
— Rev. Martin Luther King Jr.

Senhor, esta raiva parece tão certa,
    tão justa,
que amar meu inimigo é inconcebível.
Sou autorizado a ter um inimigo?
Bem, pois sim. Eu tenho.
(E bem mais que um.)

Deus, não é isso que quero,
mas me ajuda a ver o que preciso ver,
para que eu possa fazer o que sei
que devo fazer.

Benditos somos nós que reconhecemos
que a cisão é profunda
e a inimizade, sólida.
Estamos apegados a nossas hostilidades —
não somente como símbolo de quem somos,
mas também pelos valores e princípios
    que adotamos.

Benditos somos nós que te pedimos, Deus:
Ajuda-nos a sermos fiéis a teu chamado,
a amarmos nossos inimigos,
por tua causa e também pela nossa.
Ainda assim, perguntamos: Como isso é
    possível?
Não desejamos paz falsa,
nem graça fingida.

Por onde começamos?
Como recuperar a civilidade?
Construir a unidade?

Trabalhar em conjunto e, no entanto,
preservarmos a integridade?

Mostra-nos precisamente como amar
as pessoas que ultimamente tanto
    detestamos.
Não só a humanidade em geral,
mas esses humanos, em particular.
    Sim, ela. E, definitivamente, ele também.

Benditos somos nós que dizemos, ó, Deus,
Por favor, faze por nós
o que não podemos fazer por nós mesmos.
Dá-nos o desejo
de falarmos a verdade do amor,
de ouvirmos uns aos outros e escutar
a condição humana sob a ferida.
Dá-nos a sabedoria e as habilidades
da boa comunicação
e a paciência que pode resistir
quando as coisas ficam difíceis.
E, onde falharmos,
põe-te na brecha por nós, Senhor,
assim como o fez na cruz.

Reze por um inimigo.
Faça a ele um pequeno bem.
Depois, deixe isso de lado.

"Se seu inimigo tiver fome, dê-lhe
de comer; se ele estiver com sede,
dê-lhe de beber."
— Romanos 12:20, NTLH

Bênçãos para a vida alheia | 185

76.
para amar alguém quando as diferenças nos dividem

Deus, aí vai uma bem difícil.
Como começar a amar ou, mesmo, criar laços
com uma pessoa tão diferente de mim?
Como transpor essa lacuna?
Parece tão errado quanto as crenças que abomino.

Benditos somos nós que queremos ser parte
do experimento louco e belo
de encontrar uma humanidade comum.
Que desejamos vir de bom grado à lacuna
que separa uma pessoa da outra,
e amar o estranho —
    sobretudo aquele que não entendemos
    e a quem, em segredo, queremos dar conselhos.

Benditos somos nós, dispostos a ficar na lacuna
das contradições do que não conseguimos entender.
A trabalhar ativamente no abandono
das próprias intuições sobre outrem
para podermos começar a ver o que eles veem.

"Não temos tempo para julgá-los, porque, se fizermos isso, não teremos tempo para amá-los."
— Rachael, enfermeira, em conversa com a autora Christie Watson

"Façam aos outros o que querem que eles façam a vocês; pois isso é o que querem dizer a Lei de Moisés e os ensinamentos dos Profetas."
— Matheus 7:12, NTLH

Benditos somos nós, nadando rio acima
contra a corrente de nossa própria fragilidade humana,
nossos medos e emoções,
e dispostos a admitir o erro por um instante.
A reconsiderar. E a manter a integridade
com gentileza.

Desejando ver os contornos da terra
e entrar na dança
em vez do que queríamos que tivesse acontecido.
E descobrir que a humildade
é o que torna possível a mudança.

A graça nunca é neutra.
Atua para frente e para trás no tempo,
conspirando para tornar certo o errado.

Bênçãos para a vida alheia

77.
para os doadores que precisam receber

Ó, Deus, tu vês
os sobrecarregados —
os cuidadores e profissionais da saúde,
professores e pais,
socorristas e capelães,
assistentes sociais e terapeutas,
todos os que se doam
cuja maior necessidade agora
é simplesmente conseguir receber.

Deus, vem em poder,
vem em ternura,
para lhes trazer a ajuda
e o consolo de que necessitam.

Benditos os que trabalham
tão duro por tanto tempo,
lutando para escorar os estragos da luta,
o isolamento, a doença e a escassez.
Eles doaram,
doaram e doaram,
mas as necessidades continuam chegando.

E, Deus, às vezes
não há mais nada sobrando,
nem recursos,
nem tréguas de última hora,
e o sofrimento continua.
E o que eles podem oferecer não é o bastante.

"Saiba que o que você faz por Deus
nunca é vão ou inútil."
— 1 Coríntios 15:58, Philips (parafraseado)

Ó, Deus, vês o ajudante
sozinho
no trabalho e nas responsabilidades,
no deslocamento de todos aqueles
    escombros,
na limpeza das ruínas da calamidade.
Deus, tu o vês
começando a enfraquecer,
a colapsar por dentro
pelo preço pago por sua família,
pelo esgotamento que sente.

Deus, envia apoio real em forma de
    gente,
que traga tudo de que ele precisa
para descansar
e a resiliência renovada
que tornará possível
cumprir os belos propósitos
para os quais ele foi chamado.

E também Benditos sejamos nós,
que consideramos
como fazer nossa parte.

Seja Bendito para receber.
Então, encontre um doador
cuja força esteja baixa.
E seja Bendito para doar.

78.

para seu coração grande, enorme, tolo

O amor pode partir seu coração. *Provavelmente isso está nas letras miúdas.*
Você clicou no box no fim dos termos e condições?

Benditos sejam vocês quando seus filhos são ingratos,
quando seus pais são insuportáveis,
ou quando *teriam sido* caso ainda estivessem por aqui.
Quando vocês ajudam um amigo incorrigível,
ouvem por muito mais tempo do que uma pessoa normal deveria,
    ou doam com altruísmo escassos recursos.

Bendita seja sua terrível avaliação de quem é digno.
Sua análise de custo-benefício seria uma chacota para qualquer economista.

Você ignorou os sinais: *Isso o tornará mais rico? Mais feliz? Aliviado?*
    Provavelmente, não.

Você vem notando há um tempo
como esses breves momentos — o privilégio de enrolar um cobertor
nesse amor, nesse amigo, nesse estranho — são impossíveis de quantificar.

De alguma forma, o amor está somando muito mais.

Pois Benditos são vocês cujos corações triplicaram de tamanho.
    Apesar de tudo.
    Vocês que rechaçaram
        o medo da intimidade,
        o medo da perda,
        o medo de tudo o que é desconhecido,
            e ainda optaram por amar.

Benditos somos nós,
    amando além do limite,
    amando quando não faz sentido,
    amando sem garantias de vida eterna,
    amando quando isso pode partir nosso coração.

Esta, é claro, é a melhor coisa que temos: nosso coração grande, enorme e tolo.

Bênçãos para uma vida linda e finita

79.

para este dia lindo e finito

†

Benditos somos nós que vemos a impossibilidade de resolução hoje.
Simplesmente, não dá.

Deus, há listas e mais listas,
tarefas e mais tarefas,
além de um gosto metalizado na minha boca,
de minha vida inacabada.

*Estou contando itens
em vez de saber o que levar em conta?*

Deus, ajuda-me a viver aqui,
enxergando toda a verdade do que há.

Benditos somos nós que caminhamos rumo ao
    desconforto,
levando os dons que temos,
e também os sofrimentos,
sejam eles por doença ou perda,
luto ou traição,
confusão ou impotência.

Benditos somos nós que nos aproximamos
para falar baixinho sobre nossos amores, nossos medos,
tudo o que parece pesado demais para carregar sozinho,
e tudo o que gostaríamos de aguentar por mais tempo.

Mostra-me o que amo.
Mostra-me o que nunca quero perder.
Mostra-me do que não necessito mais
neste dia lindo e finito.

80.
para reaprender a sentir prazer

"A alegria é um mistério, pois ela pode acontecer em qualquer lugar ou momento, mesmo sob as circunstâncias mais inóspitas, mesmo em meio ao sofrimento, com lágrimas nos olhos."
— Frederick Buechner, *The Hungering Dark*

Bendito seja você, o pragmático,
que fez as contas e sabe o que acrescenta — e o que não acrescenta.
Você que largou tudo.
Você que não tem esperança, não sonha mais e não faz mais planos.
    ... porque, afinal, qual é o motivo?

Seu mundo encolheu.
A dor, o luto ou o medo sugaram cada molécula de oxigênio do recinto
    e cada gota de prazer foi espremida de suas mãos.
Bendito seja você que aprende a viver aqui,
neste lugar irreconhecível, inominável.

Bendito seja você que descobre que, mesmo na pequenez,
    sua atenção pode ser comprimida ainda mais.

Você, que saca uma lupa
    para descobrir, notar, saborear, cheirar
        as pequenas alegrias e prazeres simples que tornam a vida digna de ser vivida.
Você, que usa a blusa chique porque ela o faz se sentir bonito
muito depois de achar que seu corpo não era digno de ser enfeitado.
Você, que faz uma refeição inadequada, porque é o que tem para hoje.
Você, que guarda na lembrança, planeja a viagem e tira uma foto porque sabe
    que esta vida preciosa e louca pode lhe custar tudo.

Então, por que não a tornar mais que suportável — por que não *bela*?

P.S.: Se quiser ler um poema incrível, procure "The Summer Day", de Mary Oliver,[***]
e sua linda pergunta: "O que você planeja fazer com sua vida louca e preciosa?". E
ela diz que se trata de NÃO FAZER NADA. Então, vamos relaxar.

[***] Mary Oliver (1935-2019), ganhadora de um Prêmio Pulitzer de poesia e autora de várias coletâneas de poemas, inclusive *Dog Songs: Poems*, publicada em 2015. O poema mencionado pode ser lido aqui: https://www.saltproject.org/progressive-christian-blog/2015/6/29/the-summer-day (N. T.)

81.
para quando você precisa segurar ou libertar

Deus, às vezes tenho a impressão de que uma pessoa melhor não seria assim:
    atrelada a tantas esperanças,
    medos e expectativas.

Benditos somos nós, divididos entre libertar
    — às vezes, precisando deixar ir — e segurar.

Benditos somos nós, quando ansiamos por
    conexão, amor e contato.

Benditos somos nós, quando almejamos
    a beleza da vida em si e pessoas para preenchê-la.

Benditos somos nós quando não conseguimos dizer:
    "Estou deixando ir".
    Porque a impressão é a de que seremos arrebatados por um oceano de nulidade.

Ensina-nos a nos apegar à verdade que eleva o espírito,
    e afrouxa nosso domínio sobre as inverdades dolorosas:
        como quando afirmamos que estamos sozinhos ou somos indignos de amor.
        Ou que o desejo em si é o inimigo.
Ensina-nos a ansiar pelo que é bom, e a ficarmos satisfeitos.

Não haverá adição e subtração fáceis.
    Vamos perder e ganhar,
    e na hora nada disso fará muito sentido,
    forçando nossas mãos a se abrirem.
No vai e vem das vitórias e derrotas, idas e vindas,
    que possamos buscar o divino no mistério disso tudo,
    a persistência das flores que ainda sorriem para nós no mercado,
    e a necessidade de pequenos lembretes sem fim
        de que todas essas dores e delícias
        nos apontarão de volta ao amor.

82.
para um dia interminável

✝

Deus, parece impossível parar.
A louça precisa ser lavada.
Os filhos, alimentados.
Pais idosos, cuidados.
Prazos precisam ser cumpridos.
Remédios, prescritos.
Fraldas sempre precisam ser trocadas.
(Afinal, se eu durmo, elas se multiplicam.)

Tu podes aliviar o fardo da perfeição?
Liberta-me dessa fantasia
do meu eu melhor —
minha nova rotina de exercícios,
minhas suntuosas (saudáveis) receitas novas,
o modo como a localização perfeita
dos móveis da minha sala de estar
combinaria com a luz vespertina
no *feed* das minhas redes sociais.

Deus, faze-me mais que perfeito.
Faze-me mais que um emprego ou papel,
ou o que planejei para meus anos dourados.

Faze-me algo menos previsível
que minha lista de tarefas
e meu cronograma diário.

Nesta cultura de mais, mais, mais,
faze-me menos.

Menos arrumadinho e medroso,
menos polido e engomado,
menos orgulhoso e crítico.

Baixa o volume das minhas expectativas,
e me deixa ouvir os pássaros cantarem
outra linda verdade:

Sou profunda e totalmente amado.
Sou belo e, de certa forma, agradável
ainda que seja *incompleto*.

83.

para início e fins

Esta vida é feita de muitos
    inícios e muitos fins.
Começamos empregos novos e deixamos
    os antigos.
Mudamos para novas cidades e deixamos
    nossos
        passatempos de infância no porão
        de nossos pais. (Desculpa, mãe.)
Aos poucos, nos tornamos outras pessoas
    (mais gentis e mais engraçadas, espero)
Amigos e relacionamentos
    vêm e vão.
Sonhos brotam e definham.

E nos encontramos, mais uma vez,
no precipício da mudança.
Com medo de deixar ir
e do que acontecerá se
    não deixarmos.
Esse também poderia ser um lugar de
    bênçãos?

Benditos somos nós, parados no corredor
    entre portas fechadas
    e as que ainda se abrirão,
    entre o antigo e o novo,
    entre o desgastado
    e o ainda a se ajustar,
    entre quem éramos
    e quem podemos nos tornar.

Deus, torna possível, ainda que
remotamente,
crescer e mudar,
abrir-se a novas aventuras,
sem nos apegarmos à rotina
ou ao de sempre.
Porque a ansiedade se insinuando
    em meus ombros e preenchendo
    minha garganta
me diz que estou indisposto e sem
    vontade
de dar um passo à frente.

Benditos somos nós, que paramos um
    minuto
para trás, para
tudo o que aprendemos no passado,
as pessoas que nos tornamos,
as pessoas que nos amaram nessa
    transformação.
A paz que veio com a familiaridade.

Benditos somos nós, que confiamos
    nesse período,
e que abrimos o coração
para a mudança, novos amigos, a esperança.
Nervosos, talvez com o coração pesado,
mas reluzindo de gratidão por uma vida
tão bela que dói dizer
    adeus.

Benditos somos nós, que olhamos para a
    frente
rumo a um novo caminho ainda não traçado.
Deus, dá-nos coragem para dar esse
próximo passo,

e o suficiente para o seguinte também.
Lembra-nos de que foste antes,
e atrás, e ao redor,
e estás conosco agora.

Na nossa partida, na nossa chegada,
nas mudanças, esperadas ou chocantes,
surpreende-nos com o que pode
    acontecer.

84.

para ter coragem de fazer algo difícil

"Tomei coragem, pois a mão do Senhor meu Deus estava em mim."
— Esdras 7:28, NVI

Deus, estou lutando para encarar a tarefa difícil que sei que deveria fazer.
A conversa que ando evitando.
A ajuda que eu deveria ter pedido meses atrás.
O sintoma que venho ignorando.

Ó, Deus, ajuda-me.
Estou com medo de agir,
mas também tenho medo de admitir que minha inação
pode estar tornando as coisas piores.

Benditos somos nós que reconhecemos
que estamos lutando sob o peso
do nada que aconteceu,
mas precisa.

> "Mas eu, quando estiver com medo, confiarei em ti."
> — Salmo 56: 3, NVI

Benditos somos nós que dizemos, com honestidade:
Deus, isto é tão difícil, e nem sei por quê.
Quanto mais eu deixo de lado, pior fica.

Deus, ajuda-me a começar — ou até mesmo a começar a começar —
embora eu não saiba como isso se dará.
Preenche o espaço interno
em que estou sobrecarregado
e atolado na lama. Ou talvez seja areia movediça.

Eu te ouço dizer: "Eu te fortalecerei e te ajudarei" (Isaías 41:10, NVI)
Tu vais à minha frente
e estás bem aqui comigo. Inclusive agora.
Em meu pânico, minhas ansiedades, meu autodomínio.
Teu amor nunca falha.

P.S.: Faça aquilo que vem adiando. Agora, já. Dê o primeiro passo. Marque o compromisso. Agende a reunião. Verifique sua conta bancária. Conte a um amigo que você está em dificuldades. Em seguida, peça aquilo de que precisa.

85.
para quando você quer mais

†

Deus, carrego esta incompletude,
este afã por plenitude, que sempre parece
estar bem ali na esquina.
Se eu pudesse me recompor e
encontrar minha real vocação, minha paixão verdadeira,
ou o plano certo.
Deus, ajuda-me, guia-me. O que estou perdendo?

Benditos somos nós, que nos esforçamos seriamente
para mudar a nós mesmos e o mundo ao redor,
mas sentimos o arrastar e o puxar do que não se move,
o peso de toda nossa humanidade frágil e limitada.
Nós a carregamos conosco.

Benditos somos nós, os famintos,
levando vidas ao mesmo tempo abastadas e insuficientes,
com vontade de contar a verdade a nós mesmos
e aos outros
de que estamos parados aqui...
no que talvez seja o paradoxo central
de nossa condição —

de que "o que almejamos acima
    de todas as coisas
é sermos reconhecidos na plenitude de nossa humanidade,
e, não obstante, é isso o que tememos
mais do que qualquer outra coisa".[****]

Sermos conhecidos e amados em plenitude,
em toda nossa humanidade.
Este é um projeto do tamanho de Deus.

Benditos somos nós, gratos por podermos viver
nossa vida humana
na feliz companhia dos vulneráveis
e amargurados,
o imperfeito tornado pleno no amor de Deus,
através de Jesus Cristo.
Talvez seja certo ter fome. E permanecer assim.

[****] Frederick Buechner, Telling Secrets, (New York: HarperCollins, 1991).

86.
para a vida que você não escolheu

†

Bendito seja você que, quando o choque diminui,
enxerga vagamente uma linha
que divide o antes e o depois.

Você não a traçou,
e mal consegue se dar conta dela.
Mas, tão certo quanto os minutos se tornam horas e dias,
aí está você,
forçado a viver uma história que nunca teria escrito.

Bendito seja você, no sensível lugar
de espanto e pavor,
perguntando-se como ser pleno
quando sonhos desaparecem
e parte de você some com eles,
em que o domínio, o controle, a determinação,
o funcionamento e a coragem
ficam consignados ao reino do Antes
(onde vive a maioria do mundo),
no sonho febril que promete um sem-número de
    escolhas,
progresso ilimitado, a melhor vida agora.

Benditos somos nós, na zona do Depois, bradando a plenos pulmões:
Tem alguém aqui?
Ouvimos o eco, o arrastar de pés,
o murmúrio alheio
fazendo a mesma pergunta,
parceiros de conhecimento
de que estamos muito além do que sabemos.

Deus, mostra-nos um lampejo de possibilidade
nesta nova restrição,
que as pequenas verdades nos serão devolvidas.
    Estamos protegidos.
    Estamos seguros.
    Somos amados.
    Somos amados.
    Somos amados.

87.

para aquele que você pode se tornar

"Você nos fez
e nos atraiu para si,
e nosso coração está inquieto
até descansar em você."
— Agostinho de Hipona, *Confissões de Santo Agostinho*

Deus, sou perseguido pelas sombras
do meu antigo eu.
Aquele que experimentou
cada elixir prometido, cada plano de
  cinco etapas,
cada solução dada por um guru para
  o que me afligia.
Mas nada parece dar certo.

Sou o mesmo eu
com os mesmos problemas
e praticamente as mesmas
esperanças.

É minha falta de disciplina?
Ou sou apenas uma causa perdida?
Quais novos começos são possíveis?

Benditos somos nós, os incompletos,
à beira do que poderia ter sido,
nesta perpétua estação de espera
buscando e esperando
a esperança cumprida.

Benditos somos nós, os incansáveis,
em luto pelo que acabou, mas não
  teve fim,
pelo que se foi, mas inacabado.

Benditos somos nós,
em nossa luta da meia-noite com o
  passado
e o futuro,
enquanto o presente já chegou
à soleira de nossa porta

como móveis embalados
com partes faltando.

Deus, o que podemos fazer
com o que temos agora?
E quem somos nós?
E quem podemos nos tornar?

Benditos somos nós, no lugar
onde o desejo e a vontade
começam a conversar
sobre para que servem este dia,
este momento,
e para a glória de quem.

Benditos somos nós, que
    descobrimos de repente
que, enquanto não estávamos olhando,
o Senhor apareceu dizendo:
"Paz, fica aí."

Esta é a clareira
pela qual passa a luz
onde o novo pode começar.

Nunca duvide.
Deus está escrevendo você na
história
da cura do mundo.
E a sua também.

"De agora em diante eu lhe contarei
coisas novas, coisas ocultas que
você desconhece."
— Isaías 48:6, NVI

88.
para o bem que já veio (e se foi)

As pessoas gostam de dizer: "O melhor ainda está por vir",
como algum tipo de garantia.
Será que poderíamos dizer, com amor
    (ou raiva, se for esse o sentimento):
    "Às vezes, o melhor não está por vir"?
Perdemos coisas, empregos, habilidades... pessoas.

Às vezes, temos *crescendos*.
Às vezes, o melhor já chegou.

Bendito seja você que parou de resmungar
a cantilena dos pais e mães
porque não tiveram o tal bebê
ou porque ele cresceu e saiu de casa.
Você, que está cantando notas
da vida de pai/mãe,
de um amigo ou de um filho.
Você, que está se aposentando ou
se mudando da casa que amou
ou do lugar que fez de você quem você *é*.

Bendito seja você que ainda tem
muito sobre o que cantar —
novos passatempos, amores, amigos e esperanças.

Você, que se pergunta como investir
melhor seu tempo, seus esforços, recursos e dons
exatamente *porque* seu suprimento é escasso.

Você, que sabe manter o fim em mente.

Benditos somos nós, que enxergamos com tanta clareza
o dom que existiu, existe
e que talvez ainda existirá.
Sabendo — sabendo de verdade — que algum dia
a última nota será cantada.

Portanto, cantemos canções sobre nossas
vidas belas, absurdas.
Chegaremos ao ápice, num *crescendo*
e aproximaremos do *finale*,
na esperança de um fim muito, muito bom.

Bênçãos para uma vida sagrada

Abençoada Seja Esta Quaresma

O QUE É QUARESMA?

A Quaresma marca os quarenta dias até a Páscoa, a exemplo dos quarenta dias que Jesus passou no deserto. É uma prática que teve início durante o século IV, como uma forma de preparar os cristãos para os dias mais sagrados do ano.

Durante a Quaresma, pedimos a Deus que nos mostre o mundo como ele é. Começamos com a realidade de nossa finitude esfregada em nossas testas na Quarta-Feira de Cinzas — do pó viemos, ao pó voltaremos. Depois, caminhamos pela realidade em uma espécie de prova de vestido. É o declive de Deus — a Grande Descida, onde toda a igreja caminha rumo à cruz.

Para ser franca, a Quaresma é minha parte favorita do calendário eclesiástico, pois é um período em que toda a igreja está no time perdedor. É um período em que todos temos um minuto para dizer a verdade: a vida é muito linda e muito difícil. Para todos.

É claro que a cruz não é o fim da história, mas essa temporada de luto é forjada para reconhecer a realidade do sacrifício de Cristo. E também a realidade de sofrimento que tantas circunstâncias nossas refletem — nossa própria dor, luto e desespero. Sim, a Páscoa está chegando. Mas, por ora, nos sentamos nas cinzas de nossos sonhos e nosso coração partido, sabendo que Deus está ali conosco.

Muitas pessoas praticam a Quaresma para se abster de alguma coisa — álcool, carne, chocolate, mídias sociais. Algumas adotam coisas novas — uma nova prática de oração ou blasfêmias em profusão, como fiz certo ano. [Talvez você se lembre de ler a respeito disso em *Everything Happens for a Reason (and Other Lies I've Loved)*.]

Mas a Quaresma é um momento incrível para a honestidade espiritual que estamos praticando aqui. Juntos, abençoamos os dias que temos, ao mesmo tempo esperando pelo futuro que Deus prometeu, em que não haverá lágrimas, dores ou e-mails.

Selecionamos quarenta bênçãos que você pode usar nos quarenta dias de Quaresma (e também aos domingos durante a temporada da Quaresma). Todas estão indicadas por uma pequena cruz na entrada da página.

Se você quiser se aprofundar, adicionamos um guia de reflexão extra para a Quaresma que acompanha este livro. Nós o chamamos de "Abençoada Seja Esta Quaresma", e está disponível vinte e quatro horas por dia, sete dias por semana no meu site em katebowler.com/BlessThisLent. Esse guia gratuito inclui escrituras para ler, perguntas para discussão e um lugar para refletir sobre a jornada da Quaresma até a Páscoa.

Independentemente de você praticar a Quaresma sozinho ou usar este livro com sua igreja, em um clube do livro ou à mesa do jantar com seus familiares, você pode ancorar seus dias usando as seguintes bênçãos escolhidas a dedo — ou descobrir ainda mais riqueza e profundidade usando-as juntamente com o guia de reflexões.

OBSERVAÇÃO SOBRE OS DOMINGOS

A Quaresma dura quarenta dias inteiros, mas os domingos não contam. Eles são minipáscoas, em que tiramos um dia de folga do que quer que estejamos nos abstendo, dias que nos lembram de que somos feitos para as duas coisas — tristeza e alegria, lamento e prazer. Estranhamente, isso pode ser difícil de fazer — parar de se preocupar, trabalhar ou verificar a leitura do dia — *e descansar de verdade*.

Porém, ao longo das seis semanas seguintes, você está convidado a lutar contra essa parte de sua formatação que lhe diz que você sempre deve estar realizando, produzindo, processando — que tudo tem que ser *em prol de* algo. E tire um dia de folga da sensação quaresmística para praticar a disciplina do Sabá. Descanse! Coma! Aproveite!

Dia de Quaresma	Bênção para Ler	Página
DIA 1	para a Quarta-Feira de Cinzas	220
DIA 2	para um dia lindo e finito	194
DIA 3	para reaprender a sentir prazer	196
DIA 4	para quando você precisa segurar ou libertar	198

Domingo – Minipáscoa

DIA 5	para um dia interminável	200
DIA 6	para inícios e fins	202
DIA 7	para ter coragem para fazer algo difícil	204
DIA 8	para quando você quer mais	206
DIA 9	para a vida que você não escolheu	208
DIA 10	Para aquele que você pode se tornar	210

Domingo – Minipáscoa

DIA 11	para um dia horroroso	152
DIA 12	para quando se está com medo	154
DIA 13	para quando você não consegue se amar	158
DIA 14	para quando você estiver de mau humor	160
DIA 15	para quando você não sente a melhora	162
DIA 16	para quando você se sente travado	168

Domingo – Minipáscoa

DIA 17	para dias avassaladores	110
DIA 18	para quando você não consegue um momento de descanso sequer	112
DIA 19	para quando você está sofrendo sozinho	118
DIA 20	para estradas longas	122
DIA 21	para quando você se sente esquecido por Deus	126
DIA 22	para quando há coisas demais com que lidar	128

Domingo – Minipáscoa

DIA 23	para quando a esperança parece perdida	140
DIA 24	para quando a dor não faz sentido	142
DIA 25	para quando você está cansado de sistemas falidos	144
DIA 26	para quando você precisa de um pouco de esperança	60
DIA 27	para quando você está por um fio	62
DIA 28	para dizer a verdade — seja doce ou amarga	48

Domingo – Minipáscoa

DIA 29	para quando há muita gente sofrendo (e você não sabe o que fazer)	176
DIA 30	para quem escolhe se sacrificar por nossa causa	178
DIA 31	para testemunhas	180
DIA 32	para quando é pedir demais amar um inimigo	184
DIA 33	para os doadores que precisam receber	188
DIA 34	para seu coração grande, enorme, tolo	190

Domingo – Minipáscoa
para o Domingo de Ramos
página 222

DIA 35	para coragem para tentar...e sabedoria para saber quando parar	92
DIA 36	para dores coletivas	94
DIA 37	para um dia triste	88
DIA 38	para a Quinta-Feira Santa	224
DIA 39	para a Sexta-Feira da Paixão	226
DIA 40	para o Sábado de Aleluia	228

para o Domingo de Páscoa
página 230

89.
para a Quarta--Feira de Cinzas

✝

"A Quarta-Feira de Cinzas é cheia de alegria... a fonte de toda tristeza é a ilusão de que não somos nada além de pó."

— Thomas Merton, *The Sign of Jonas*

Deus, hoje minha finitude está esfregada na minha testa.
A realidade de meus limites, meu corpo frágil, pronunciados sobre mim como uma maldição: do pó eu vim,
    ao pó voltarei.

Alguns dias preciso ser lembrado
de que não sou o projeto de perfeição
que fui feito para ser.
Estou cheio de oscilações e esperança.
Todas as aflições, solúveis. Todos os problemas,
    um sussurro distante.
Quando não me sinto pó,
abençoa-me, ó, Deus,
nas formas em que me iludo a acreditar
que minha vida é algo que moldei,
que todas as minhas realizações, êxitos
e manhãs vencidas
somam-se a algo que não depende de ti.

Mas em dias como hoje, quando minha cabeça está baixa,
afundada na tristeza de minha necessidade,
abençoa-me, ó, Deus.
Quando minhas juntas não funcionam como deveriam,
quando fico doente ou grisalho cedo demais,
quando meu corpo me trai...
ou talvez faça exatamente
o que ele deve fazer.
Dize-me de novo
exatamente como me fizeste:
    do pó ao pó.

Benditos somos nós, uma miscelânea de contradições,
em nossas desilusões e esperanças profundas,
em nossa fragilidade e finitude.

90.
para o Domingo de Ramos

"Benditos são os que aprenderam
a... caminhar à luz da tua presença."
— Salmo 89:15, NVI

Ó, Deus, estás me interrompendo com a eternidade.
E não tenho certeza se estou pronto.

Segura o tempo e faze novamente o pedido.
Deixa-me andar no teu ritmo.

Neste Domingo de Ramos, o tempo é sinalizado como um burrinho
    avançando rumo a Jerusalém.
Alguém de rosto fixo como sílex, os pés quase tocando o chão, caminha
    rumo à ressureição de toda tristeza
       — não em poder dos cavalos e da célere vitória,
          mas em passos pequenos, firmes,
       rumo ao mistério
          de que, através do sofrimento, vem a cura,

  de que, através da vergonha, a dignidade é restaurada,
  de que, através da cruz, poderes são desarmados,
    e a morte acaba para sempre.

Benditos aqueles que caminham
em direção ao pequeno grande trabalho que fazem:
  em hospitais, em casa, mercados,
   salas de aula, igrejas e cubículos.

E Benditos somos nós, que nos juntamos à multidão
  brandindo ramos de palmeira
  e bradando até a rouquidão:
   "Hosana! Salva-nos! Salva nosso mundo!"

Deus, tem misericórdia. Cristo, tem misericórdia. Espírito, tem misericórdia. Amém.

91.
para a Quinta-Feira Santa

†

Esta é a noite em que começa
o festival da tristeza e, de certo modo, do triunfo.
O fim está próximo.

Jesus, começamos a entender que
tua graça não faz sentido —
a graça fica perto dos traidores,
a graça lava os pés dos vira-casacas,
a graça reparte o pão com os desleais,
a graça bebe com os falsários.

Jesus, estás desfazendo toda garantia
de que, por te amarmos, não perderemos.

Estás perdendo tudo.

Abençoa-me agora, enquanto vejo teu sacrifício.
Como estás nos implorando que amemos
enquanto teus amigos te magoam.
Como estás nos mostrando como lembrar
enquanto almejamos esquecer
que, ao destruíres o mundo, tu o refizeste.

92.
para a Sexta-Feira da Paixão

"A luz brilha na escuridão, e a escuridão não a subjugou."
— João 1:5, NVI

Ó, meu Deus, estamos em lugares
  mais sombrios
    que nunca conhecemos,
    em que nunca desejamos estar.

Nossas estratégias habituais para lidar não estão funcionando.
  Estamos perdidos.
  Estamos com medo.
  Estamos sem respostas.

Ó, Deus, ilumina o caminho
  de toda esta terra pesada,
  dos indefesos e desesperançosos,
  dos que se afundam em tristeza,
  medo ou depressão,
  dos cansados e atormentados
  e dos que estão por um fio,
  dos que estão fartos dos próprios pecados
  e dos que não estão,
  e o meu, também.

Deus, tem misericórdia.
Cristo, tem misericórdia.
Espírito, tem misericórdia.

A camada de pó caiu
  e a traição parece ser
  a ordem do dia.

A noite em que o próprio Amor
foi entregue
    à ignorância brutal
    e à astúcia, que adora o logro.

Ó, Deus, tu escolhes sentir
o que sentimos —
    receber cusparadas, ser
        ridicularizado, torturado,
    e morrer sozinho.
Em teus braços estendidos
na cruz
    estás colhendo para ti
    cada coisa odiosa,
    cada falha, dolo
    e engano?

Benditos somos nós, que dizemos:
Sim! Toma esta dor.
    Endireita estas coisas de novo.
    Só agora posso ver
    que me seguirás até o fim
    e além.

No dia em que o amor morreu,
algo novo nasceu,
e que nós, como povo,
possamos estar abertos ao luto, à
perda,
e então, sim,
    à ascensão do Filho.

93. para o Sábado de Aleluia

†

Ó, Deus, não há mais respostas.
　Só silêncio
　e os ecos das perguntas de ontem.

Deus, tem misericórdia.
Cristo, tem misericórdia.
Espírito, tem misericórdia.

Ó, Deus, aplaca meu coração para que ele consiga prantear o que se perdeu.
　Ajuda-me a dar um nome para isso.
　　Pessoas sem as quais eu achava impossível viver.
　　A esperança que não consigo mais ter.
　　A alegria que costumava vir rápido.

Ó, Deus, desata esta tristeza.
　Deixa-me lamentar, chorar e tremer
　　por algo que jaz esmigalhado —
　　derramado e gasto,
　　　sepultado.

Quero ouvir a quietude deste pequeno espaço
    e esperar
        até me acostumar com a escuridão.
Para que eu possa ver as rachaduras
nas bases do mundo
    deixadas pelo ribombar de teus passos,
para ver toda a verdade rota do que existe,
tocar, sentir, amar e
segurar as bordas do que passou,
honrar o que se foi para sempre.

E bem amar
o que é dado eternamente.

"Bem-aventurados os que choram, porque eles serão consolados."
— Matheus 5:4, ACF

94.

para o Domingo de Páscoa

†

"Na noite daquele dia, o primeiro da semana... Jesus veio e ficou em pé entre eles, e lhes disse: *A paz esteja com vocês.*"
— João 20:19, BSO

Ó, Deus, a ti estendo minhas mãos
nesta escuridão precoce da Páscoa.
Preciso que me puxes para cima
e me coloques de pé novamente,
pois estou fraco e cansado.

Deus, tem misericórdia.
Cristo, tem misericórdia.
Espírito, tem misericórdia.

Deus, naquela primeira manhã de Páscoa
quando ainda estava escuro,
uma mulher foi sozinha ao túmulo
para fazer o possível para honrar-te,
    embora a esperança estivesse esgotada.

Dois anjos de luz a encontraram lá, e então —
    como é possível? —
    estavas lá, totalmente vivo, além de toda crença.

Benditos somos nós que estendemos as mãos a ti
    na dúvida e na tristeza,
    na doença do corpo, da mente e do espírito,
    nossas orações não atendidas por inteiro,
    regozijando-nos... mesmo assim.

Pois é isto que nos torna o povo da Páscoa:
    levar adiante a esperança realizada
    do Ressuscitado,
      cantando grandes e pequenas aleluias,
        enquanto ainda está escuro.

Cristo ressuscitou. Cristo vai retornar.

Aleluia. Aleluia. Aleluia.

Bendito Seja Este Advento

O QUE É ADVENTO?

Advento é aquela época especial do ano que culmina no Natal. Dura aproximadamente quatro semanas até o Natal (a quantidade real de dias varia a cada ano), e atua como um longo amanhecer. Estamos nos preparando para uma grande inversão: Deus vindo à Terra no formato de um bebê. O governador do cosmos preso em um envoltório vulnerável e chorão de carne humana. Ele nasceu para nos salvar — e vai fazê-lo — mas, primeiro, precisa derreter nosso coração, aparecendo não como um sábio, um filósofo ou um imperador, mas como uma criancinha com frio sem lugar para chamar de lar. Ele nos desarma com essa terna vulnerabilidade e nos convoca a entrar em seu mundo como crianças pequenas também.

Para muita gente, a história acaba aqui: uma batida suave na porta do coração humano. Este terno momento de consciência combina bem com atos de caridade, que permitem às pessoas conservar seus papéis: doador e receptor, rico e pobre, das classes alta e baixa, imigrante e local, negro e branco, policial e vigiado. Um pontinho pequeno em nosso consumismo e capitalismo de sempre.

Mas o Natal convoca os fiéis a ver o reino de Deus através de uma disrupção mais aguda do comum. "Os últimos serão os primeiros" (Matheus 20:16, NVI). "Eu era um estrangeiro e tu me acolheste" (Matheus 25:35, BSO). "Ele desbancou legisladores de seus tronos, mas ergueu os humildes" (Lucas 1:52, NVI).

Nós queremos isso. Temos fome do mundo virado de cabeça para baixo, que é precisamente o que o Natal tem sido ao longo de toda a história Cristã. A Europa Ocidental Medieval atribuía dias de Natal a diferentes grupos à margem da sociedade — criados, mulheres idosas, meninas jovens e crianças

—, permitindo-lhes dar um passo à frente e exigir que seus patrões fizessem caridade. A magia dessa época do ano era um momento de suspensão (ainda que temporária) dos negócios habituais. Em todos os lugares, esses momentos apontavam pistas de que os poderes — opressivos e pervasivos — comandam este mundo. E durante onze meses não conseguíamos enxergá-los como realmente são.

Todos vemos o mundo como ele sempre foi. E todos estamos esperando, com a respiração suspensa, que o reino de Deus chegue.

E, nesse ínterim, precisamos abençoar os dias que temos, os dias mais curtos e as noites sem fim. A experiência da esperança e o medo da decepção. Para todos nós que precisamos de uma hora extra de escuridão, de preferência sob um cobertor perto da árvore, esta é a época para sentir a imensidão do que ganhamos e do que perdemos.

Esperamos que essas bênçãos para cada domingo de Advento sejam uma forma de tornar pleno o próprio ato da espera. E, conforme antecipamos juntos o nascimento de Cristo, que possamos vivenciar a esperança persistente do Natal, a alegria em meio à tristeza, um amor que não conhece barreiras, e uma paz transcendental em meio a um mundo em chamas.

Se quiser se aprofundar neste Advento, elaboramos um guia para Adventos como um anexo a este livro. Nós o chamamos de "Bendito Seja Este Advento", e está disponível vinte e quatro horas por dia, sete dias por semana em meu site em katebowler.com/BlessThisAdvent. Este guia gratuito inclui itens devocionais, escrituras para ler, questões para discussão e um local para refletir sobre a jornada do Advento.

Independentemente de você estar refletindo sozinho ou em grupo sobre esse período, esperamos que possa usar este guia de reflexões para se sentir cercado de amor.

95.
para o primeiro domingo de Advento — esperança

Deus, estes dias são sombrios, com pouca esperança à vista.
Ajuda-nos em nosso medo e exaustão. Ancora-nos na esperança.

Benditos somos nós, de olhos abertos para ver o sofrimento acumulado do perigo,
    da doença e da solidão,
        a injustiça da opressão racial,
        a ganância desmedida e o mau uso do poder, violência, intimidação,
        e o uso da dominação em benefício próprio,
        a zombaria da verdade
        e o desdém pela fraqueza ou vulnerabilidade
            — e, pior, a aparente impotência de quem tenta impedir essas coisas.

Benditos somos nós, que perguntamos:
    Onde estás tu, Deus?
        E onde está teu povo
            — a gente inteligente e sensível que luta pelo bem
        e tem o poder para fazê-lo subsistir?

Benditos somos nós que bradamos: Ó, Deus, por que o mal parece sempre triunfar?
Quando o bem prevalecerá? Sabemos que tu és bom, mas vemos tão poucas
    coisas boas.

> "Não se turbe o coração de vocês; acreditem em Deus, acreditem também em mim."
> — João 14:1, NVI

Deus, mostra-nos teu coração,
como tu curas os feridos.
Ergue-nos em teus ombros,
e leva-nos para casa — não importa o quanto pensemos que somos fortes.

Deus, procura-nos e encontra-nos, teu povo cansado,
e leva-nos aonde a esperança habita,
onde teu reino virá
e tua vontade será feita, assim na terra como no céu.

Encha-nos com a tua coragem.
Acalma-nos com teu amor.
Fortifica-nos com tua esperança.

P.S.: Abra as mãos ao pronunciar suas orações.
E segure a esperança, como forma de protesto.

96.

para o segundo domingo de Advento — amor

> "És tu aquele que haveria de vir
> ou devemos esperar por outro?"
> — Matheus 11:3, BSO

Deus, estamos esperando pelo amor,
não do tipo "entre e limpe os pés",
mas do tipo estupendo.

Do tipo envolto em trapos,
descansando em um pote de ração animal.
Amor suficiente para salvar todos nós.

Benditos somos nós, que buscamos o Amor
mais profundo, pleno e verdadeiro do que jamais
   conhecemos,
      muito além de qualquer esperança.

Benditos somos nós que te buscamos,
a luz que alvoreceu há tanto tempo
naquele estábulo escuro.
Amor dado.
Amor recebido.

Receba este presente, meu caro.
O amor veio ao seu encontro.

97. para o terceiro domingo do Advento — alegria

Benditos somos nós, que esperamos prendendo o fôlego,
que esperamos algo novo nascer
— nova esperança, nova alegria ou nova vida.

Benditos somos nós cuja paciência se esgota
com o passar do dia.
Nós, cansados do mundo como ele é
— em toda sua dor, perda e desesperança.
Nós, que queremos mais.
Mais esperança. Mais alegria. Mais vida.

Benditos somos nós, sentados aqui
à espera no ponto imóvel entre o desejo
e a expectativa.
Nós, que damos espaço para mais de ti,
Deus, neste Natal.

Surpreende-nos com alegria em meio ao mundano,
com abundância em meio a tamanha escassez,
com presença em meio ao caos natalino.

Aquietamos nossas almas para ouvir,
para esperar por ti, ó, Deus,
pois tua Palavra que se Fez Carne é vida para nós.

Amém.

"Que o Deus da esperança os encha de alegria
e paz, por sua confiança nele,
para que vocês transbordem de esperança pelo poder
do Espírito Santo."
— Romanos 15:13, NTLH

98. para o quarto domingo do Advento — paz

Benditos somos nós, os tementes,
embora desejemos ser pessoas de paz.
Não vamos mentir:
estamos com medo.

Com medo de que não haja o suficiente —
    recursos suficientes,
    tempo suficiente,
    lembranças suficientes.

Benditos somos nós que te pedimos sabedoria.
Mostra-nos o que buscar
e o que deixar de lado.

Vem, Senhor, para que possamos
    te ver,
        andar contigo,
        acompanhar teus passos.

Benditos somos nós que pedimos que, neste Advento,
possamos ficar juntos em nossos lares, em silêncio.
Vem, Senhor, para que possamos ser aos outros
a paz que não conseguem encontrar.

Benditos somos nós que olhamos para ti e dizemos:
Deus, estamos realmente confusos e com medo.
Vem governar nosso coração e acalmar nossos medos.

Ó, Príncipe da Paz,
    acalma nosso eu inquieto,
    aquieta nosso coração ansioso,
    sossega nossa mente agitada.

"Glória a Deus nas alturas, e paz na terra aos homens de boa vontade."
— Lucas 2:14, NVI

99.
para a Véspera de Natal

Jesus, esta é a grande inversão
que eu não teria conhecido
se não tivesses aparecido e te feito
pequeno.

Jesus, eu teria ficado satisfeito
com o Deus que move montanhas
e cujo sopro dá vida,
mas que nunca chorou nos braços de sua mãe.

O mundo me sussurra
o que deve ser feito.
Sobre impérios e guerras.
Sobre eficiência e força,
mas aí estás tu.
Uma recusa.

Tua fragilidade, uma testemunha.
Tua dependência, um convite.
Teu choro, um lembrete.
Nossa finitude não é motivo de vergonha,
porque a tua também não o foi.

Benditos somos nós quando enxergamos o amor,
finalmente,
em cada coisa pequenina e terna,
invadindo nosso mundo
para mudar todos nós.

100.
para o Dia de Natal

Deus, isto é um tipo de magia:
a maneira como este dia brilha de uma forma tão
    estranha,
como ele reluz além da nossa compreensão.

(Sim, foi desastrosa a maneira
como a comida acabou este ano
e como ficou a cara da fulana — eu disse a ela que
    não o fizesse —
o que não deveria se repetir.
Mais uma vez, este ano.)

Mas, de alguma forma, este dia
nunca deixa de despertar um desejo
de amar muito — ou ao menos um pouco melhor —
todos que estão aqui conosco e os que estão longe,
e lembrar com gratidão
dos que se foram e de quem sentimos saudades.

Que mistério é este?

Nosso Deus, que fez o mundo girar,
deveria descer por um único motivo:
para nos amar em renovação.
Não por lucros nem nossas fantasias capitalistas,
mas pela esperança tão generosamente concedida
de que podemos aprender a ver, sentir
e viver o amor de Cristo.
Obrigado,
Cristo, o Doador e a Dádiva.

Amém.

Agradecimentos

Começamos a abençoar as pessoas — todo mundo, por qualquer motivo, o tempo todo — logo antes de precisarmos mais disso. Estávamos nos últimos lampejos de liberdade em 2019, antes da longa pandemia que levaria embora a vida que conhecíamos e amávamos. E eis que de repente, de uma só vez, precisávamos de uma nova linguagem para as necessidades cotidianas e medos que ameaçavam engolir a todos nós.

Este livro, antes de mais nada, é para você — membro da nossa comunidade do *Everything Happens*. Você que passa seus dias lindos e terríveis lendo nossos livros, ouvindo os episódios de nosso podcast ou rezando estas bênçãos. Você que envia suas histórias de amores, perdas, dores e esperanças. (Sério, lemos cada uma delas.) Vez ou outra choramos ao imaginar como as palavras nestas páginas podem ir ao seu encontro em meio a luto, esperança e realidades comuns (às vezes bem chatas). Aprender a ser útil dessa maneira nos abençoa mais do que você é capaz de imaginar.

Agradecemos a Lilly Endowment, The Duke Endowment, à Duke Divinity School e à Formação em Liderança na Duke Divinity pelo apoio constante a nosso trabalho meio triste. Temos muita sorte.

Nossos dias imperfeitos se tornam infinitamente mais toleráveis porque trabalhamos com estas pessoas: Harriet Putman, que aplica compaixão e bondade em cada interação e faz de cada etapa desta obra um verdadeiro ministério, e Gwen Heginbotham, nossa Midas encarnada — tudo o que ela toca fica bonito. Keith Weston, Jeb Burt e Sammi Filippi, que toda semana compartilham conosco seus incríveis dons. Dave Odom, Katherine Smith e Edgardo Colón-Emeric, pela sabedoria e amizade. Chris Coble, Verity Jones e Robb Webb, por sempre conspirar para tornar possível sonhar com novos projetos. E este projeto não teria sido possível sem a ajuda de Karen Bowler, que leva bem a sério a tarefa de orar sem cessar.

Agradeço a nossa equipe de publicações por defenderem nossos projetos sobre Jesus — Christy Fletcher, Keren Baltzer, Leita Williams, Jessalyn Foggy, Alisse Goldsmith-Wissman, Cindy Murray, Campbell Wharton e Tina Constable.

Aqui é a Kate: agradeço a Toban e Zach. Por toda a gratidão que sinto quando nos vejo fazendo as pequenas coisas que temi que nunca teria. Hora de dormir. Acampar. Ouvir um podcast sobre piratas. Nunca vou desaprender a sensação de bênção na monotonia comum de um dia.

Agora é a Jess que está digitando. :) Meus pais são algumas das melhores orações que conheço. Sou quem sou por causa (e apesar) de vocês dois. Kate e eu trabalhamos neste livro assim que fui transferida para Delaware, longe de cidades grandes e das pessoas (sobretudo de você, Kate Bowler) que amo — transição que teria sido impossível se não fosse a família Bale. Obrigada por me receberem de coração tão aberto. Aparentemente, não acredito em *tudo* o que dizem sobre sogros e sogras. E, é claro, agradeço à bênção que nunca pensei que merecia: Christian Bale. Sequer imaginava ter rezado por você. Seu amor me faz repensar um pouco minha teologia porque, é sério, quem poderia ter essa sorte?

Sobre as autoras

Kate Bowler é a autora *best-seller* do New York Times de *Everything Happens for a Reason (And Other Lies I've Loved)*, *No Cure for Being Human (And Other Truths I Need to Hear)*, *Good Enough: 40ish Devotionals for a Life of Imperfection, Blessed; A History of the American Prosperity Gospel*, e *The Preacher's Wife: The Precarious Power of Evangelical Women Celebrities*. Professora associada de História Religiosa Norte-Americana na Duke Divinity School, ela obteve seu diploma de graduação pelo Macalester College, o de mestrado em Religião pela Yale Divinity School e o de doutorado pela Duke University. Fundou o Everything Happens Project, um centro de empatia diária na Duke Divinity School.

KateBowler.com
@KateCBowler

Jessica Richie é coautora do *best-seller* do New York Times *Good Enough: 40ish Devotionals for a Life of Imperfection*, diretora-executiva do Everything Happens Project na Duke Divinity School e produtora executiva do podcast Everything Happens. Recebeu seu mestrado ministerial pela Duke Divinity School.

@JessTRichie

Leia

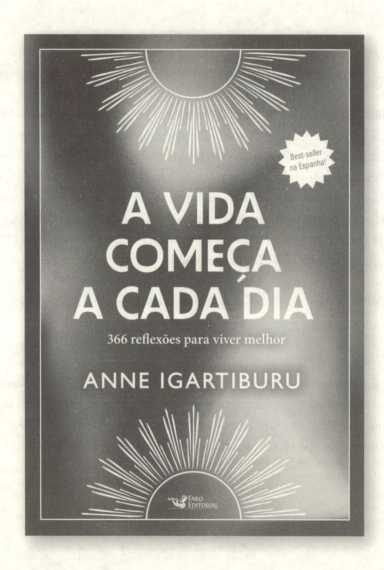

também

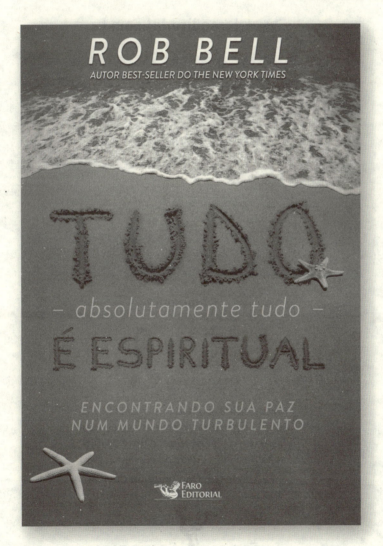

ASSINE NOSSA NEWSLETTER E RECEBA INFORMAÇÕES DE TODOS OS LANÇAMENTOS

www.faroeditorial.com.br

Campanha

Há um grande número de pessoas vivendo com HIV e hepatites virais que não se trata. Gratuito e sigiloso, fazer o teste de HIV e hepatite é mais rápido do que ler um livro.
Faça o teste. Não fique na dúvida!

ESTA OBRA FOI IMPRESSA
EM OUTUBRO DE 2023